Facebook Werbung

Knacken Sie die Facebook-Ad-Code mit einem einfach zu implementierende Facebook-Marketing-Plan, der wirklich funktioniert und erreichen 4000 potenzielle Kunden jeden Monat

©das Urheberrechtliegt bei Riley Reive 2017 –
Alle Rechte vorbehalten.

Wenn Sie dieses Buch mit einer anderen Person teilen möchten, bitte kaufen Sie eine Extra Kopie für jeden Empfänger. Vielen Dank für Ihre Achtung die Arbeit von diesem Autor. Andernfalls, die Übermittlung, Vervielfältigung oder Reproduktion von der folgenden Arbeit inklusive bestimmte Information wird als illegale Handlung sein egal ob elektronisch oder mit Drucken. Dies erweitert die Schaffung einer sekundären oder tertiäre Kopie von der Arbeit oder eine aufgezeichnete Kopie zu schaffen und das ist erlaubt nur mit schriftlicher Zustimmung von dem Herausgeber. Alle zusätzlichen Rechte vorbehalten.

Inhalt

Kapitel 1: Facebook Werbung..5

Kapitel 2: Warum und wie erstelle ich eine Fan-Seite?...................18

Kapitel 3: Facebook-Pixel installieren...24

Kapitel 4: wie werben auf Facebook..31

Kapitel 5: fünf verschiedene Zielgruppen können Sie erreichen..42

Kapitel 6: Landing Pages und Facebook Ads...................................49

Kapitel 7: Karussell-Anzeigen von Side-Scrolling..........................52

Kapitel 8: Facebook Werbung und Copywriting............................54

Kapitel 9: wie zu senken Kosten auf Facebook...............................58

Kapitel 10: Split-Test und mehrere Anzeigen in wenigen Sekunden...64

Kapitel 11: Holen Sie sich bessere Ergebnisse Spionage Wettbewerber..71

Abschluss..76

Kapitel 1: Facebook Ads

Mit den Hunderten von Millionen von Facebook-Nutzern, die täglich auf dem Netz angemeldet sind, zog dies die Aufmerksamkeit der meisten Vermarkter, und Sie nutzen dieses Szenario

Es ist eine sehr gute Entscheidung für Web-Vermarkter zu platzieren Werbung auf Facebook wegen seiner enormen Potenzial zu erreichen, um mehrere Tausende von potenziellen Kunden

Aber es ist wichtig zu beachten, dass Facebook hat sehr strenge Richtlinien, die Sie zu befolgen und ansonsten nicht erhalten, Ihre Anzeigen auf dieser sozialen Website akzeptiert

Akzeptanz ihrer anzeigen in Facebook wird der erste Schritt, um Ihre Anzeigen auf dieser sozialen Website zu machen und können Sie erreichen den Erfolg Ihrer Web-Business, wenn Sie viele Produkte in ihrer Linie haben, haben Sie nur die ideale und die besten Produkte zu fördern auf Facebook

Denken Sie daran, dass die Nutzer auf Facebook sind nicht da, um auch den Kauf zu denken, und Sie haben nicht, um Sie fühlen sich erstickt mit all ihren Produktlinien gegossen direkt in ihre Gesichter (Sie verlieren Kunden Weg).

Mit ihrer Produktlinie im Hinterkopf, das nächste, was zu tun ist, um die Kunden, die Sie möchten Ihre anzeigen zu sehen. Facebook hat eine sehr gute Werbe-Plattform, wo Sie Geo-Ziel ihrer Kunden auf Ihrem Alter, Geschlecht, Interessen, geografische, Standorte, Bildung, und andere Dinge direkt in Zusammenhang mit Facebook-Nutzern

Eine weitere wichtige Sache, die Facebook Ads effektiv machen kann, ist die Anzeige Titel, weil dies das erste, was ihre beabsichtigten Kunden sehen, wenn Sie auf den Seiten Facebook sind. Making Ihre Anzeige Titel Eye-Catching und eine, die wirklich das Interesse ihrer beabsichtigten Kunden können, dass AD, wo die Menschen motiviert werden können, um einen Klick.

Mit Ihrem AD-Titel bereits Blickfang, müssen Sie Ihre Ad-Kopie auch interessant und überzeugend zu machen

Was gut wird der interessante Titel tun, wenn Ihre Ad-Kopie nicht die Informationen, die Kunden wirklich brauchen und AD-Texte können abgekürzt werden, so dass Sie die Informationen, die Sie möchten, um die Weitergabe in die begrenzte AD Copy Text

Nachdem Sie Ihre Anzeige-Titel und Inhalte, die Sie erstellt und organisiert, so dass es eine wirklich überzeugende Wirkung geben kann, senden Sie es auf Facebook mit dem Ad-Budget bereits eingerichtet (denken Sie daran, dass die Kosten von Facebook auf Schlüsselwörter niedriger als andere)

Sie können Ihre Anzeigen nur auf einem bestimmten Zeitrahmen ausführen, um die Ergebnisse effektiv zu überwachen.

Nachdem Sie Einsendungen von ihren anzeigen auf Facebook nur warten, bis diese auf den Seiten von Facebook angezeigt werden

mit den strengen Vorschriften von Facebook auferlegt, können Ihre Anzeigen nur kommen nach wenigen Wochen

Facebook Ads und wie man Sie für beste Resultate benutzt

Facebook ist derzeit die größte Social-Networking-Site in der Welt. Das Netzwerk wird wahrscheinlich seine Spitzenposition in der Erwägung ziehen, dass es keinen direkten Wettbewerb auf dem Horizont, dass es Knock Off the Top Spot

Wenn es um traffic kommt, ist Facebook jetzt in der Liga der Internet-Riesen wie Google, YouTube. Und Wikipedia. Es gibt nicht leugnen, die Tatsache, Facebook ist unter den heutigen einflussreichsten Websites

Aufgrund dieser immensen Popularität hat Facebook auch die Ameise Aufmerksamkeit von Unternehmen, groß und klein angezogen. Es hat sich zu einem gemeinsamen Online-Marketing-Tool, fast jedes Unternehmen gibt es mit ihm zur Förderung von Produkten, Dienstleistungen, Veranstaltung und Ursachen

Wenn Sie ein Geschäft haben und Sie sind nicht auf Facebook, Sie fehlen auf eine Menge von Gelegenheiten. Und Exposition, wenn Ihr Unternehmen ist nicht auf Facebook. Ein Facebook ist ein ausgezeichneter Ort für Unternehmen, die die Exposition ihrer Produkte und Dienstleistungen zu maximieren, weil es ein Werbe-Programm, das speziell für verschiedene Arten von Unternehmen konzipiert ist das Werbe-Programm wird als Facebook-anzeigen.

Facebook-Anzeigen arbeiten wie alle self-serve Online-Werbe-Programm, das Sie Ihre anzeigen, finanzieren Sie mit genügend Geld dann veröffentlichen Sie live auf dem sozialen Netzwerk

Jetzt können diese anzeigen verschiedene Formen annehmen, wenn Sie ein Facebook-Benutzer sind, dann sind Sie mit den vielen Möglichkeiten vertraut, die Sie mit Inhalten auf der Seite interagieren können. Diese interaktiven

Aktivitäten gehören zu kommentieren Beiträge, Vorlieben Beiträge, Vorlieben Seiten und die Teilnahme an Anwendungen oder Spiele. Dies sind, wo die Facebook-Anzeigen kommen, neben natürlich auch die regelmäßigen anzeigen, die Sie auf der Seitenleiste Ihres Profils sehen oder Accounts

Die von Ihnen erstellten anzeigen hängen davon ab, was Sie erreichen möchten. Wollen Sie mehr gerne für Ihre Facebook-Seite

? möchten Sie die Inhalte Ihrer Seite freigeben? Oder möchten Sie einfach mehr Traffic auf Ihre externe Website lenken? Dies sind nur einige der Dinge, die Sie brauchen, um zu berücksichtigen, wenn die Arbeit mit dem Werbe-Programm Facebook

Hier sind einige Tipps, wie Sie Facebook-Anzeigen für die besten Ergebnisse verwenden können

1. verwenden Sie Bilder gut in ihren anzeigen. Wenn Sie in den anzeigen, die sich in der Seitenleiste Facebook 's, die Anzeigen mit den besten Bildern abheben von allen anderen. Lernen Sie von diesem und suchen Sie nach einem visuell ansprechenden Bild zu verwenden in Ihrer Anzeige

2. Vergewissern Sie sich natürlich, dass Sie die Rechte oder die Erlaubnis haben, das Bild zu benutzen. Nutzen Sie die Bilder von Menschen so weit wie möglich

3. Ziel ihrer anzeigen. Wenn es darum geht, Targeting-anzeigen, Facebook ist beispiellos können Sie ein Publikum nach Ort, Geschlecht, Alter, Beziehung Status, Bildung, Interessen, etc

Je nachdem, wen Sie erreichen möchten, sollten Sie diese Optionen beim Einrichten Ihrer Anzeigen verwenden. Dies stellt sicher, dass Ihre Anzeigen von den richtigen Leuten gesehen warden

4. versuchen Sie rotierende ADS. Dies ist zu testen, welche Arten von anzeigen die besten Ergebnisse liefern. verfolgen Sie Ihre Vorstellungen, sammeln Sie Daten, und bestimmen Sie dann, welche anzeigen weiter ausgeführt warden

5. schreibe überzeugende und interessante Ad-Kopie. Dies ist der Text, der die Bilder in ihren anzeigen begleitet

Investieren in Facebook Ads, um Renditen zu erhalten, ohne viel Geld auszugeben

Es gibt viele Anwendungen auf Facebook verfügbar und einige von Ihnen bieten uns mit Vergnügen wie Spiele. Ob Sie eine dieser Anwendungen für sich selbst oder als eine Möglichkeit der Interaktion mit anderen, kann es halten Sie beschäftigt

In Ihrem Arbeitsplatz, Facebook kann hilfreich sein, wenn Sie Ihren Verstand es wechselt sie von langweiligen langweilig Arbeit zu einem aufregenden Zustand. Denken Sie daran, dieses Zitat "zu viel Arbeit mit weniger Spiel macht Jack a stumpf Boy"

Eine andere Sache zu denken, wenn Sie um Facebook spielen ist, dass es ein Ort, der Millionen von Menschen auf einer täglichen Basis zieht, bringt Sie Ihre Aufmerksamkeit, dass es der beste Ort, um Ihr Unternehmen und ihre

Produkte zu werben. Es ist wahr, dass auch große Unternehmen mit Facebook, um Ihre Produkte zu fördern

Haben Sie jemals ein Buch darüber, wie einige Leute haben es geschafft, Geld auf Facebook zu verdienen? Es ist wahr, dass es einige Leute, die es geschafft haben, ihre Produkte auf Facebook zu verkaufen. Die haben eine Facebook-Seite (Facebook Fan-Seite), um potenzielle Käufer, die mit Facebook zu erreichen (im Hinterkopf behalten, dass es Millionen von Menschen, die derzeit mit Facebook)

Das nächste Mal, wenn Sie sich bei Facebook, versuchen Sie, die Ankündigung System namens Facebook-anzeigen (werben auf Facebook) zu bemerken. Es wurde wegen der Popularität der Facebook-Website unter Vermarkter erstellt. Wenn Sie mit Facebook-anzeigen nicht vertraut sind. Es ist im Grunde ein Weg, um zu werben

Einer der Vorteile der Verwendung von Facebook-Werbung ist, dass Sie nicht über die Ausgaben viel Geld, um Ihr Unternehmen und ihre Produkte zu werben kümmern

Facebook Werbung Option ist für jeden, der ein kurzes Budget hat empfohlen, im Gegensatz zu Pay-per-Click-Werbung Modell. Facebook Ads geben Ihnen die Gelegenheit, Ihr Geschäft zu fördern. Denken Sie daran, dass Facebook-anzeigen gehen zu einer Investition für Ihr Unternehmen

Ihre Facebook-Anzeige wird die Menschen, die mit Facebook zu besuchen Ihr Unternehmen und kaufen Sie Ihre Produkte zu überzeugen. Facebook Ads wird Traffic für Ihre Website und aus diesem Verkehr zu generieren, werden Sie potenzielle Käufer erhalten

Allerdings, wie andere anzeigen, gibt es keine Möglichkeit, Sie wissen, ob Facebook-Anzeigen tatsächlich in Gewinne umwandeln wird. Die Effektivität von Facebook Ads hängt davon ab, wie überzeugend Ihre Anzeigen sind. Wenn Ihre Facebook-anzeigen überzeugend sind, werden die Menschen klicken Sie so, um Ihre Produkte zu kaufen. Wenn Sie dies bekannt, dann macht es nicht sinnvoll, Pay-per-Click-Werbung Modell, da Sie eine Menge Geld ausgeben

Dies ist, warum es sinnvoll ist, Facebook-anzeigen zu verwenden. Mit Facebook-Anzeigen ist eine großartige Möglichkeit, um zu beginnen und wenn es funktioniert, werden Sie mehr gezielte Zugriffe auf Ihr Online-Geschäft, das auch Ihre Website ist. Manchmal, aber die Marketing-Anzeigen schalten nicht in einer positiven Weise

um Ihre Facebook-anzeigen ständig zu verbessern, müssen Sie nicht zusätzliches Geld ausgeben. Testen Sie Ihre Werbung für ein Minimum von einer Woche unter Verwendung eines erschwinglichen Budgets. Sie können sogar testen Sie Ihre Werbung für ein paar Wochen oder Monat, wenn Sie möchten, all dies gibt Ihnen eine Vorstellung davon, was funktioniert und was nicht. die Ausgaben viel Geld im Internet-Marketing ist nicht, wie es funktioniert. die Idee ist, klein zu beginnen und ihren Weg nach oben zu arbeiten

Wie nutzen Sie die Vorteile von Facebook-anzeigen

Wie wir alle wissen, ist es immer schwieriger, "gesehen werden" auf Facebook, da diese Kraftwerk-Plattform hat sich in Richtung einer Pay-to-Play-Modell in den letzten Jahren verschoben

Facebook Ads und bezahlte Optionen bleiben noch ein effektiver Weg, um Ihren idealen Kunden Ziel und verlängern die Reichweite Ihrer wichtigen Facebook-Updates, auch wenn viele Nutzer sind weniger als begeistert über den Gedanken zu haben, für diese Option zu zahlen

auf einer positiven Note, Facebook uns immer bemüht, das beste zu seinen Nutzern zu bringen und hat vor kurzem einige Änderungen, die wirklich Unternehmen den Rand, wenn es kommen, um gezielte Verbraucher zu erreichen

Sind Sie auf der aktuellsten Facebook-Ad-Verbesserungen? Wenn Sie nicht sind, können Sie verpassen Ihre Zielgruppe zu erweitern

Hier ist das, was passiert mit einer der beliebtesten Social-Media-Plattformen

1. größere anzeigen: für einige Leute, kann dies wie ein nicht-Problem scheinen, aber wenn Sie etwas, das Sie wirklich wollen Verbraucher zu bemerken, wollen Sie groß gehen. In diesem Sinne, Facebook machte die richtige Spalte anzeigen größer und kühner. Dies verleiht Ihrer Werbekampagne mehr Wert, weil Sie einen besseren Eindruck erweckt.

2. jetzt haben Sie mehr Platz, um die ganze Geschichte für Kunden zu präsentieren. weniger anzeigen auf der Seite bedeuten mehr Aufmerksamkeit auf diejenigen, die erscheinen. Nutzen Sie die Vorteile des Raumes und schaffen Sie eine Aufmerksamkeit-erhalten Anzeige, die zu einem höheren

Click-through-Rate führen wird. Laden Sie Ihre kreative Anzeige auf News-Feed und die richtige Spalte, um sicherzustellen,

3. häufigere Exposition: Denken Sie daran, wie ihre Mutter in der Regel musste ihnen etwas zweimal sagen, bevor Sie tatsächlich gehört Sie? seit Anfang August haben Inserenten in der Lage, eine einzelne Anzeige zweimal am selben Tag zu verwenden. Dies ist eine Änderung der vorherigen täglichen GAP.

Sie können ADS auch zweimal täglich von einer Seite einfügen, mit der eine Person nicht verbunden ist; wieder eine Zunahme über die einmal tägliche Kappe. Wenn eine Person mit einer Seite verbunden ist, können die Anzeigen von dieser Seite noch viermal in die News-Feeds eingefügt werden. Das hat sich nicht geändert

Was das bedeutet für uns ist potenzielle Kunden werden Ihre Anzeige sehen zweimal in einem Tag. Es erhöht nicht die Zahl der anzeigen für den Verbraucher; nur die Frequenz dieselbe Anzeige wird angezeigt

Facebook ist ständig erforscht Wege, um die Facebook-Erfahrung besser für die Verbraucher und Unternehmen dies sind nur einige der Änderungen, die vor kurzem umgesetzt wurden.

Verwalten von anzeigen auf der Go: ab Juli 2014, Werbetreibende haben eine neue Möglichkeit, Ihre Facebook-Anzeigen auf dem gehen mit ADS Manager auf mobilen Geräten zu verwalten. mit dem Facebook (Ios, Android und Mobile Site) Vermarkter können jetzt:

Anhalten oder Fortsetzen von Kampagnen

Budgets und Zeitpläne bearbeiten

Einblicke ansehen

Antworten auf Warnungen

4. gefördert Beiträge: Wenn der Gedanke der Schaffung und Umsetzung einer Facebook-Anzeige immer noch Sie kriechen gibt es immer die Super-einfache gefördert Post-Option zu fallen wieder auf. Geförderte Beiträge sind einzelne Seiten Beiträge, die zusätzliche bezahlte Reichweite in den Nachrichten-Feed unter Fans Freunde von Fans als Ergebnis der Nutzung der Seite zu fördern Button zu erhalten. Es ist einfach zu bedienen, hat große Analytik und ermöglicht es dem Benutzer, schnell auszuwählen und Budget mit s gleitenden Skala

Wie viel kostet Facebook Ads?

Eine der besten Optionen für bezahlte Werbung online ist Facebookanzeigen. Dies ist Facebook Werbe-Netzwerk, das zeigt ausschließlich Ihre Anzeigen auf dem Netzwerk für Facebook. Der Hauptvorteil der Werbung auf Facebook ist, dass Sie Facebook-Nutzer mit viel spezifischer als mit jedem anderen Werbe-Netzwerk online.

Dies ist, weil die Menschen auf Facebook frei geben Ihre persönlichen Informationen und ihre Interessen beim Ausfüllen ihrer Profile. mit dieser Information im Verstand, können Sie Einzelpersonen auf Facebook mit buchstäblich einer unendlichen Zahl von Parametern gezielt. Sie sind nicht beschränkt auf Interessen, aber Sie können auch nach geografischer Lage und alle Arten von persönlichen Informationen, wie z. b. bestimmte Altersgruppen

Wenn Sie eine Anzeige machen wollen, die nur gilt und wird von 45Jahre-alt Frauen, die Freude beobachten, können Sie das auf und nur Facebook zu sehen. Diese präzisere Targeting-Methode ergibt eine viel gesündere klicken Sie durch Rate und eine viel gesündere Umwandlung ihrer Ziele

Natürlich sind viele Menschen vorsichtig mit bezahlten Werbung wegen der offensichtlichen Kosten verbunden mit ihm. Es ist nicht annähernd so teuer wie Sie denken, und dieses Kapitel wird, wie viel Sie erwarten können zu zahlen, indem Sie erklären, wie viel Facebook-anzeigen Kosten zu identifizieren. Die Anzahl der Faktoren bestimmt, wie viel kostet Facebook Ads. Zunächst einmal, wie mit AdWords, erhalten Sie ein Qualitätsfaktor für Ihre Anzeige abhängig von einer Reihe von Dingen.

Facebook schaut auf Ihre Website, die Sie leiten Verkehr auf, dann sieht es, wie gut es bezieht sich auf die Anzeige, die Sie gerade geschrieben haben. Websites von höheren (mehr Inhalt, häufig aktualisiert, viele Backlinks, hoch Seite, etc) erhalten Sie einen niedrigeren CPC (Cost-per-Click)

Eine andere Sache, die Faktoren zu bestimmen, wie viel Popularität o die Nische, die Ihre Anzeige Ziele mehr populäre Themen, die von anderen Facebook-Anzeigen Nutzer verwendet werden, gehen für eine höhere Kosten. Weniger wettbewerbsfähige Nischen gehen zu billiger sein umgekehrt

Ihr Klick-through-Rate spielt auch eine große Rolle bei der Bestimmung, wie viel Ihre Facebook-anzeigen die höher Kosten

Ihr Klick-through-Rate, je weniger Sie zahlen müssen. Die

Idee hier ist, dass mehr relevant und generell besser als führt zu einem höheren Click-through-Rate

Höhere Klicks durch Preise bedeutet, dass Sie zusammen eine wertvolle Anzeige und Facebook belohnt Sie mit einem niedrigeren Kosten pro Klick

Ihr Klick-through-Rate ist leicht die dominierende Faktor bei der Bestimmung, wie viel Sie bezahlen werden. Sie können überrascht sein, dass ihr CPC drastisch gesunken ist und unerklärlicherweise, nachdem Ihre Anzeige für eine Weile gelebt hat. Dies liegt daran, dass Ihr Click-through-Rate gut ausgeführt hat.

Wie funktionieren Facebook Ads?

Aufgrund der Popularität von Facebook und die Hunderte von Tausenden von Gelegenheiten, die es geben kann, viele Online-Vermarkter sind mit Facebook-anzeigen, um breitere Exposition zu gewinnen und auch Ihr Unternehmen wachsen

Aber Facebook ist streng in Bezug auf Werbung, und Sie werden nicht akzeptieren, nur jede Art von anzeigen, die Menschen auf Ihrer Website platzieren, so müssen Sie Ihre Regeln befolgen. Facebook ist streng auf alles, was Sie platzieren die Anzeigen der Texte Worte, Symbole, Bilder und alles.

Dies ist Ihr Weg, um sicherzustellen, dass Sie verstehen, was Sie versuchen, über und auch wissen, was zu erwarten, aus diesen anzeigen.

Facebook Werbung können zusätzliche Vorteile für Vermarkter abgesehen von breiten Reichweite und dies ist durch Ihre AD-Kosten, die billiger ist im Vergleich zu einer anderen Werbekampagne, wenn Sie eine Anzeige mit Facebook es bedeutet, dass Sie die folgenden Dinge zu tun haben:

• Sie müssen die Ziel-URL Ihrer Anzeigen eingeben. Dies ist die URL-Link, die Leute zu Ihrer Website führen wird, nachdem Sie einen Klick auf Ihre Facebook-Anzeigen machen

• Sie haben, um den Titel der Verbindung Dies ist der attraktive Titel Text kann das Interesse der Menschen wecken und achten Sie auf Ihre Anzeigen

• die nächste Sache ist, die Anzeige ist Body Text. Dies ist der kurze junge ihrer anzeigen, die zeigen, was Sie wollen, um Across

• dann müssen Sie ein Bild für Ihre Anzeigen zur Verfügung stellen. Sie können wählen, um die Ressourcen auf Facebook in der Bereitstellung dieser Bilder oder Sie können es selbst bereitstellen

• Wenn Sie eine Anzeige auf Facebook haben, können Sie Ihre Facebook-Fan-Seite als Zielseite verwenden. Es gibt so viele Vorteile, die Sie aus Ihrer Facebook-anzeigen können und wie diese anzeigen können für Sie arbeiten können mit den folgenden Dingen zusammengefasst werden:

• Sie können eine benutzerdefinierte Zielseite auf Facebook erstellen. Dies ist, was vorher erwähnt wird, wo neue Besucher sehen und das ist wie Ihre Homepage auf dieser sozialen Seite

• Sie können Bilder an der Oberseite Ihrer Facebook Fan-Seite haben. Mit dieser Gelegenheit können Sie sogar Bilder von ihren Produkten auf diesen Seiten platziert haben

Facebook können Sie Optionen der neuen Besucher klicken, um "wie" Ihre Fan-Seite, bevor Sie zu Ihren anderen Inhalten erhalten können. Dies kann Ihre Art und Weise der Erhöhung der Zahl ihrer Fans.

Mit häufigen Updates auf Ihrer Fan-Seite oder Business-Seite, können Sie qualitativ hochwertige Inhalte für ihre Anhänger. Mit Leuten immer auf Ihre durch ihre anzeigen, informative Inhalte können gewonnen werden, die Sie möglicherweise motivieren, einige Aktionen zu machen

Kapitel 2: Warum und wie erstelle ich eine Fan-Seite?

Facebook ist eine Social-Networking-Site mit mehr als 1,86 Milliarden monatlich aktive Benutzer. Der Grund, warum es so beliebt ist, dass es ein einzigartiges Medium, durch das Sie Informationen mit Freunden und Menschen, die die gleichen Interessen haben, die Sie tun können, bietet.

Facebook ist einfach zu bedienen und es ist nicht nur eine großartige Möglichkeit Mittel, um neue Freunde zu finden, es ist auch ein Werkzeug, das Sie verwenden können, um Ihr Unternehmen zu fördern oder Ihr professionelles Profil zu verbessern. Einmal der interessanten Funktionen, die Facebook bietet, ist die Schaffung einer Fan-Seite

Auf diese Weise können Sie mit denjenigen, die außerhalb Ihres Facebook-Freundes Kreises sind, verbinden, ohne irgendwelche Ihrer persönlichen Informationen preiszugeben. ein Fan-Seite kann für alles, wie ein bestimmtes Ereignis oder eine geschäftliche Promotion-Aktivität für eine öffentliche Persönlichkeit ein prominenten Stern und so weiter geschaffen werden.

Erstellen einer Fan-Seite ist interessant und erfordert, dass Sie in eine Menge kreative Anstrengungen. Hier ist ein Blick auf die Schritte bei der Erstellung einer Seite

• melden Sie sich in Ihre Facebook-Konto und finden Sie den Bereich an, in dem Sie Ihre Facebook Fan-Seite erstellen können.

• Geben Sie die Kategorie an, in der Sie ein Facebook Fan sein wollen. Fügen Sie Ihrer Seite einen Namen hinzu.

• "Ich bin autorisiert, diese Seite zu erstellen", muss überprüft werden. Geben Sie Ihren Namen im Abschnitt Unterschrift ein.

- Klicken Sie auf die Schaltfläche Seite erstellen, um die Seite zu erstellen. Dies sollte zu einer Seite Erstellen von Seite führen und Sie können fortfahren, um die Seite mit Features wie Fotos, persönliche Details und vieles mehr anzupassen. Die Schritte, die bei der Schaffung einer Facebook-Seite ziemlich einfach beteiligt.

Check out so viele verschiedene Fan-Seiten wie möglich, um mehr dynamischen Funktionen zu Ihrer Facebook-Seite hinzufügen und machen es so interessant und ansprechend für andere. Das Setzen von neuen Anwendungen ist eine der besten Möglichkeiten, um die Funktionalität Ihres Facebook-Kontos zu verbessern.

Sobald Sie eine Fan-Seite erstellt haben, finden Sie die Personen, die sich für Sie angemeldet haben und Ihnen durch Sie folgen. Wenn Sie eine Seite für ein Unternehmen erstellt haben, können Sie weitere Details über dieses Geschäft veröffentlichen, indem Sie in Videos, neue Clippings und alles, was für Sie von Interesse ist

Facebook bietet eine Vielzahl von Merkmalen, durch die Sie so viele verschiedene Aktivitäten durchführen und soziale Vernetzung auf eine größere Art und Weise genießen können.

Für besseres Verständnis, hier sind 10 einfache Schritte: wie man eine Fan-Seite auf Facebook

1. gehen Sie zu dieser Seite auf Facebook zu einer Facebook Fan-Seite zu erstellen

> Facebook.com/pages/create.php

2. Wählen Sie unter amtlicher Seite entweder die Marke "Local Business", Produkt oder Organisation "oder Künstler, Band oder öffentlicher Figur"

Wenn Sie eine Fan-Seite für Ihr Unternehmen erstellen, möchten Sie wahrscheinlich entweder "Local Business" oder "Brand, Produkt oder Organisation" auswählen. Sobald Sie ausgewählt haben, werden Sie dann gebeten, ihre Fan-Seite weiter zu kategorisieren, indem Sie eine Option im Dropdown-Menü wählen Sie keine Sorge, wenn Sie nicht finden Sie Ihre genaue Business-Kategorie einfach die nächste Übereinstimmung.

3. Wählen Sie eine Seite Namen für Ihre Seite dies könnte der Name Ihres Geschäfts oder könnte das Schlüsselziel Begriffe, die Menschen geben, um nach Ihrem Produkt oder Service zu suchen. Sie können es nicht ändern, wenn Sie es so verbringen Sie ein wenig Zeit in Anbetracht der besten benannt nach ihrer Seite

4. ankreuzen, um zu bestätigen, dass Sie der offizielle Repräsentant der Fan-Seite sind. Sie können keine Seite im Namen einer Organisation erstellen, die Sie nicht offiziell repräsentieren. Sobald Sie die obigen Schritte abgeschlossen haben, haben Sie bereits die Grundlagen ihrer Facebook Fan Seite Setup. Der nächste Schritt ist alles über die Konfiguration und Personalisierung Ihrer Facebook Fan-Seite.

5. Addieren Sie ein Bild, indem Sie entweder einmal von Ihrem Computer hochladen oder ein Bild mit Tour Webcam nehmend. Verwenden Sie ein Bild, das Ihre Marke und Ihr Unternehmen am besten repräsentieren wird. Dies kann Ihr Business-Logo, ein Bild

von Ihnen, ein Bild von Ihrem Team etc. ein schlechter Bildqualität wird fast sicherlich abschrecken potenzielle Fans; so stellen Sie sicher, dass das Bild, das Sie hinzufügen, ist eine angemessene Qualität ist eine gute repräsentative Bild für Ihre Business-Fan-Seite.

6. Geben Sie einige grundlegende Informationen, damit Ihre Kunden mehr über Sie wissen. Trab und fügen Sie eine gute Qualität und Quantität der persönlichen Informationen, um klar zu kommunizieren, was Sie und Ihr Unternehmen sind, was macht Sie anders, ihre Mission. Leute kaufen von Leuten-also versuchen Sie und seien Sie freundlich und personale Fügen Sie einen Link zu Ihrer Website, wenn Sie einen haben.

7. Klicken Sie auf die Registerkarte blaue Fotos und erstellen Sie ein Fotoalbum. Dies ist ein wirklich effektiver Weg, um eine persönliche Note zu Ihrer Facebook Fan-Seite hinzuzufügen. Wie bereits erwähnt, kaufen Menschen von Menschen; also einige natürliche Fotos von Ihnen, Sie bei der Arbeit, ihre Räumlichkeiten, Ihr Team, Ihre Familie; kann einen echten Unterschied zu den Auswirkungen der Fan-Seite machen

8. Klicken Sie auf die Registerkarte blaue Diskussionen und starten Sie ein neues Thema der Diskussion. Wählen Sie eine wirklich catche und sehr gezielte Diskussion im Zusammenhang mit Ihrem Unternehmen. Diskussionen sind eine großartige Möglichkeit, um die Verlobung mit ihren Fans zu erhöhen und Sie einzubeziehen. Sie müssen nicht nur eine Diskussion starten 3–5 interessante und aktuelle Diskussionen, wenn Sie mehr Inhalt zu Ihrer Seite zu Beginn hinzufügen möchten

9. gerade unterhalb Ihres Haupt-Bildes (oben links), gibt es einen Link "bearbeiten Seite" unter "Einstellungen" klicken Sie auf "Edit Page".

a. länderspezifische Beschränkungen. Wenn Sie bestimmte Länder gezielt wollen, geben Sie hier ein. Menschen aus anderen Ländern werden nicht in der Lage, ihre Fan-Seite zuzugreifen.

b. Beschränkungen des Alters. Sie können den Zugriff auf Personen im Alter von 18 Jahren oder 21 begrenzen möchten. Wählen Sie gegebenenfalls.

c. veröffentlicht. Sie können Ihre Seite zu halten unveröffentlicht, bis Sie vollständig eingerichtet ist und bereit zu fördern.

d. unter Wand klicken Sie auf "Edit" Wir empfehlen, dass die Standardansicht der Wand ist "Alle Posts" und lassen Sie alle anderen Einstellungen unter "Wand", wie Sie sind standardmäßig.

10. starten. Aktualisieren Sie den Status an ihrer Wand. Dies wird Ihr erster Beitrag auf Ihrer neuen Fan-Seite Wand, so machen es ein gutes. Fangen Sie an, als Sie weitermachen. Klicken Sie auf "Freunde vorschlagen", die sich unter dem Profil-Bild auf Ihrer neuen Seite befindet. Sie können beschließen, eine Nachricht an alle Freunde in Ihrem Haupt-Facebook-Konto zu senden, oder zu einer Vorwähler Ihrer Freunde.

Wenn es um Ihre Facebook-Seite, das erste, was Sie denken wollen, ist, wenn Sie eine qualitativ hochwertige Fangemeinde dort, wenn die Menschen engagieren sich mit Ihnen wachsen können. Engagement ist wirklich spezifisch, wenn Sie können Menschen zu klicken, wie auf Ihrem Beitrag, Kommentar, Aktie oder klicken Sie auf einen Link, das Engagement. Das ist, wenn Facebook sagt, okay Menschen engagieren sich mit Ihrer Facebook-Seite, las Push Sie in die Nachrichten-Feed häufiger, so dass die Menschen ihren Beitrag zu sehen.

Kapitel 3: Facebook-Pixel installieren

In diesem Kapitel erläutern wir, wie Sie eine Facebook-Pixel erstellen, ihren Base-Code Ihrer Website hinzufügen, Ihren Event-Code Ihrer Website hinzufügen und Konvertierungen definieren.

Zu tun:

- Erstellen Sie ein Facebook Pixel

- Fügen Sie die Facebook-Pixel-Basis-Code auf alle Seiten Ihrer Website.

- Fügen Sie den Event-Code zu einigen Seiten Ihrer Website hinzu

- bestätigen Sie, dass Ihr Pixel korrekt implementiert ist.

Kreatine a Facebook Pixel

so erstellen Sie Ihre Facebook Pixel:

gehen Sie zu Ihrer Facebook Pixel Vorsprung im ADS Manager.

Klicken Sie auf Pixel erstellen

Facebook Pixel-Code

die Facebook-Pixel-Code besteht aus zwei Hauptelemente:

Pixel-Basis-Code

Event-Code

Die Pixel-Basis-Code verfolgt Aktivitäten auf Ihrer Website, die eine Baseline für die Messung spezifischer Ereignisse der Basis-Code sollte auf jeder Seite Ihrer Website installiert werden.

So installieren Sie den Pixel-Basis-Code:

gehen Sie auf die Pixel-Seite im ADS-Manager

Klicken Sie auf Aktionen ") Ansicht Code

Kopieren Sie den Basis-Code und fügen Sie ihn zwischen den <head>-Tags auf jeder Webseite oder in Ihrer Website-Vorlage ein, um Sie auf Ihrer gesamten Website zu installieren.

Ereignisse sind Aktionen, die auf Ihrer Website passieren, entweder als Folge von Facebook Ads (bezahlt) oder organischen REACH (unbezahlte). Mit dem Event-Code können Sie diese Aktionen nachverfolgen und in der Werbung nutzen.

Es gibt zwei Arten von Ereignissen können senden:

Standard Events 9 Veranstaltungen wir sind in der Lage, Ihre Anzeigen für ohne jegliche zusätzliche Aktionen zu verfolgen und zu optimieren. Im Folgenden finden Sie ein Beispiel dafür, wie Ihre Website-Code aussehen wird mit Standard-Events installiert. Geben Sie einen Namen für das Pixel ein. Sie können nur ein Pixel pro AD-Konto haben, also wählen Sie einen Namen, der Ihr Unternehmen repräsentiert.

Hinweis: Sie können den Namen des Pixels später von der Registerkarte Facebook Pixel ändern.

Aktivieren Sie das Kontrollkästchen, um die Bedingungen anzunehmen.

Klicken Sie auf Pixel erstellen

Die neue Facebook Pixel macht konversion-Tracking, Optimierung und Vermarktung einfacher als je zuvor. Verwenden Sie das neue Pixel mit Standard-Ereignissen, und Sie können auf alle Funktionen unten zugreifen.

konversion-Tracking. Sehen Sie, wie erfolgreich Ihre Anzeige ist, indem Sie sehen, was als direktes Resultat Ihrer Anzeige geschah.

Optimierung.

automatisches Gebot für Konvertierungen nach dem Einrichten des Pixels.

Setzen Sie Ihre Pixel auf Arbeit

wenn Sie Standard-Events hinzufügen,

Ihre Konvertierungen werden über Mobile

Telefone, Tabletten und Desktop-Computer.

Wenn Sie Ihre Gebote für die Website optimieren

Konversion, Ihre Anzeigen werden nur für Menschen, die am ehesten zu konvertieren zeigen.

Menschen, die die Menschen auf Facebook, die bereits besuchten ihre

Website. Zum Beispiel, Menschen, die besuchten

Ihre Checkout-Seite, aber nicht Ihre Auftragsbestätigung Seite.

Sie können auch die Facebook Pixel verwenden, um

Suchen Sie neue Kunden, die Ihrer Website Besucher ähneln, indem Sie einen Blick wie ein Publikum erstellen.

Erstellen eines aussehen wie ein Publikum

sobald Ihr Pixel ein Minimum von 100 Konversion nimmt.

Vorteile der Facebook Pixel

1. Ad Optimierung: Wenn Sie die Facebook Pixel in Kombination mit der Ausschreibung Option optimize für Website

Konversion, Facebook wird automatisch

zeigen Sie Ihre Anzeigen für Menschen, die am ehesten zu konvertieren.

2. Messung: Sie können die Anzahl der Konversion Messen, die Ihre Anzeigen generieren, um Ihren Return on AD ausgeben zu berechnen. Auf diese Weise werden Sie sehen, wie viel Sie Ausgaben für jede Umwandlung und können Feinabstimmung Ihre Anzeigen dementsprechend

konversion-Tracking einrichten

Finden Sie unter Verwendung von standardmäßigen Ereignissen oder benutzerdefinierten Konvertierungen.

Beide machen es einfach, die Leistung Ihrer Facebook-anzeigen zu messen und bestimmte Sätze von Leuten zu erreichen, die bestimmte Seiten Ihrer Website besucht haben.

Standard-Ereignisse repräsentieren die Arten von Aktionen, die Menschen auf Ihrer Website, zum Beispiel, wo Menschen Einkäufe tätigen können Sie dieses einrichten, indem Sie einen Ausschnitt des Codes zu Ihrem Facebook Pixel.

Mit benutzerdefinierter Konvertierung können Sie auch die Konvertierung nachverfolgen und Benutzergruppen für den -Marketing einrichten, indem Sie die URL eingeben, die direkt in ADS Manager angezeigt werden soll. Wenn Sie nicht möchten, dass Ad-Text zu Ihrem Pixel-Code,

erfahren Sie, wie Sie eine benutzerdefinierte Konvertierung einrichten.

Messen Sie die Ergebnisse ihrer

Facebook Ads

Conversion-Messung können Sie verfolgen Aktionen die Menschen nach der Betrachtung Ihrer Facebook-Anzeigen über mehrere Geräte, einschließlich Handys, Tabletten und Desktop-Computern.

Durch die Schaffung eines Facebook Pixel und hinzufügen es zu den Seiten Ihrer Website, wo Konvertierungen passieren, wie die Checkout-Seite, werden Sie sehen, wer als Ergebnis Ihrer Facebook-anzeigen konvertiert.

Das Pixel wird weiterhin die Aktionen, die Menschen nach einem Klick auf Ihre Anzeige zu überwachen. Sie können sehen, welches Gerät Sie sahen die Anzeige auf und welches Gerät Sie letztlich umgewandelt.

Fügen Sie die Facebook Pixel auf Ihrer Website

Pixel installieren:

um das Pixel zu Ihrer Website hinzuzufügen, nehmen Sie den Code und platzieren Sie ihn zwischen (Head) im Code der Webseite, die Sie nachverfolgen möchten Konvertierungen auf.

Dieses Pixel kann Konvertierungen wie Auschecken, Registrierungen, Leads, Schlüssel-Seite, Ansichten oder Kunden, die Elemente zu einem Warenkorb hinzufügen.

Achten Sie darauf, das Pixel der Seite auf Ihrer Website hinzuzufügen, wo Konvertierungen stattfinden.

Sie können dem Conversion-Ereignis auch einen Wert zuweisen.

Pixel verifizieren:

Sobald Sie Ihr Pixel erstellt haben, können Sie Ihren Status sehen. bis Sie eine Umwandlung gehabt haben, wird der Status als ungeprüft angezeigt. Ihr Pixel muss ordnungsgemäß installiert sein und ein Conversion-Ereignis aufzeichnen, um überprüft zu werden, damit Sie mit der Verwendung des Pixels für Ad-Optimierung beginnen können, sobald Sie den Tracking-Code auf Ihrer Website platziert haben

Wählen Sie im Dropdown-Feld den Namen des Conversion-Pixels aus, den Sie in Ihrer Anzeige verwenden möchten, oder erstellen Sie ein neues Pixel.

Richten Sie den Rest Ihrer Anzeige Marketing ein. In der abschließenden Gebote und Preisgestaltung Abschnitt, wählen Sie Website-Conversions, um

Ihre Anzeigen automatisch zu zeigen, die Menschen wahrscheinlicher umwandeln.

Hinweis: Facebook Tracks Konversion für ADS, die innerhalb von 1 Tag passieren: 7 Tage und 28 tage nach einer Person klicken Sie auf eine Anzeige, und 1 Tag, 7 Tage und 28 Tage nach der Anzeige einer Anzeige, wenn Sie bereits ein Dankeschön-Seite in LeadPagesTM Konto und bearbeiten Sie Ihr Dankeschön-Seite. Klicken Sie auf das adpage-Optionen und Tracking-Codes. Fügen Sie den Code in den Head-Tag-Tracking-Code-Box auf diesem Danke Seite jetzt, wenn jemand besucht diese Seite, die Konversion Pixel Facebook von Ihrer Aktivität alarmiert. (wiederholen Sie diesen Vorgang für Ihre Sales Konversion Pixel)

Messung der Konversionen

Nach dem Erstellen der Anzeige werden relevante Spalten aus der anzeigen-Ansicht im ADS-Manager angezeigt, um Ihre Konvertierungen einschließlich der Ergebnisse (Konvertierungen, die Sie erhalten haben) und Kosten (Kosten pro Konvertierung) zu überwachen.

Diese Spalten verweisen direkt auf die Anzeige innerhalb der AD-Set-Kampagne, die Sie unter dem Ziel der Website Konversion erstellt haben. So können Sie die Auswirkungen ihrer Kampagne richtig nachverfolgen. Beispiele für Konvertierungen, die Sie Tracking von Ihrer Facebook-anzeigen umfasst Checkouts Sign-ups und Leads

Kapitel 4: wie werben auf Facebook

Facebook ist richtig die größten Social-Media-Sites da draußen in der Online-Welt. Es gibt Millionen von aktiven Nutzern auf dieser Website, die Ihre Informationen und Erfahrungen austauschen

Die Menschen nutzen diese riesige Zahl, um Ihre Dienstleistungen und Produkte zu werben. Stellen Sie sich einfach vor, eine Werbekampagne Millionen von Nutzern täglich. Das ist ein massiver Nutzen für alle Internet-Vermarkter, weil Sie nicht viel Zeit für die Förderung durch andere Methoden zu verbringen

Es gibt in der Regel zwei Möglichkeiten, dass Sie auf Facebook werben können:

1. die Autobahn

2. der bezahlte Weg

ein freier Weg der Förderung durch Facebook ist ziemlich einfach. Facebook erlaubt Benutzern, eine Seite einzurichten, um Ihre Geschäfte zu fördern.

Eine Facebook-Seite ist im Grunde die ein-Seite-Website mit Informationen und Beschreibung, was Sie versuchen zu verkaufen oder Dienstleistungen, die Sie anbieten. Eine Seite kann "geteilt" mit anderen Nutzern oder "gemocht"

Im Laufe der Zeit wird Ihre Seite für viele Menschen sichtbar und alles, was Sie tun müssen, ist zu aktualisieren, was los ist mit Ihrem Unternehmen auf dieser Seite Aktualisieren Ihrer Seite regelmäßig mehr Inhalt und Informationen über das, was Sie versuchen, zu verkaufen, ist eine großartige

Möglichkeit, "Pre-Sell" Ihre Aussichten und Sie werden eine höhere Konversionsrate von Prospekt zu Käufern haben.

sonstige denn jene, Sie können schlechtweg anlegen ein Profil Seite fort Facebook und aufbauen ein groß Verwandtschaft mit sonstige Anwender fort die Seite. Dadurch können Sie herausfinden, was für Ihre Aussichten erforderlich ist, und verbessern Sie Ihre Produkte und Dienstleistungen

Auch Menschen sind wahrscheinlicher, von jemandem zu kaufen, dass Sie Vertrauen und haben eine große Beziehung mit.

2. der bezahlte Weg

Facebook bietet Inserenten, um Ihre Produkte oder Dienstleistungen durch die Pay-per-Click-Werbe-System, dass Sie auf der Website zu fördern. Grundsätzlich, erstellen Sie eine Anzeige auf Facebook und direkt die Anzeige, was Sie bieten, dann geben Sie, welche Kategorie von Publikum Sie möchten Ihre Anzeige für die Optionen, die verfügbar sind, umfassen:

• Lage

• Alter

• "Interessen" (Sie haben die Möglichkeit, ihre Interessen in Ihr Profil aufzunehmen)

vorausgesetzt, Sie haben Ihre Nische gründlich durchsucht, werden Sie eine einfache Zeit Trennung, die gehen, um Ihre Anzeige zu sehen, wer nicht. Zum Beispiel, wenn Sie verkaufen ein Buch in der Hochzeit Nische, können Sie Ihre Anzeige zu sehen, um zu sein. Verheiratete oder engagierte Paare statt Blasting Ihre Anzeige bis 15 Jahre alten Benutzer.

Mit Facebook als Förderung-Werkzeug kann ein echter Vorteil für Sie, aber Sie müssen den richtigen Weg, dies zu tun wissen.

Wie auf Facebook werben wie ein Profi

Wenn Sie denken, über Werbung auf Facebook, ist es gut, einige grundlegende Schritte zu planen, die Ihre Kampagne, um die gewünschten Ziele, dass die klassische Post-Boosting wird nicht in der Lage zu erreichen

der erste Schritt ist, genau die Zielgruppe, die Sie mit Ihrer Kampagne zu erreichen, und Sie können Hilfe von Facebook Tools für die Schaffung einer Ankündigung, die die Möglichkeit der Ausarbeitung von Zielgruppen nach Alter, Geschlecht, Zinsen, Lage und Verhalten bietet .

Danach ist es notwendig, einen angemessenen Haushalt bereitzustellen, damit die Werbung die benötigte Anzahl von Leuten erreichen kann. Der wichtigste Teil ist jedoch, das Ziel Ihrer Werbekampagne zu bestimmen. Ihr Ziel muss einfach sein und die Ergebnisse der Kampagne, durch die die Wirksamkeit der Werbung beurteilt werden kann leicht messbar

Um Kampagnen-Management für Werbetreibende zu erleichtern, hat Facebook 14 verschiedene Ziele in seinen Werkzeugen für die Schaffung von anzeigen, Power-Editor, dass Sie mit ihren anzeigen zu erreichen bestimmt. Nachstehend erläutern wir detailliert jede der verfügbaren Optionen.

1. Klicken Sie für die Website

Diese Art von Werbung wird für Personen verwendet, die eine Online-Zielseite haben, wo es Einrichtungen gibt, für die Sie die Zielgruppen erreichen möchten. einer der Gründe für die Aktivierung dieser Anzeige kann

Branded, erstellen und Sensibilisierung für Ihr Produkt oder Service das gewünschte Publikum

2. Seite Post Engagements

Page Post Engagements sind auch häufig in der Konstruktion des Bildes der Marke verwendet, sondern auch, um Engagement auf den Fan-Seiten zu erhöhen. Das Ziel der Anzeige ist es, Fan-Seiten für bestimmte Benutzergruppen zu zeigen, damit Sie Ihre jeweilige Aktivität durchführen können.

3. Seite mag

Page mag verwendet werden, um eine Facebook-Community aufzubauen oder die Zahl der Fans zu erhöhen. Sie werden zusätzlich zum Aufbau der Marken verwendet, die bestimmte Benutzer werden Fans der Seite.

4. Event-Antworten

Event-Antworten sind ideal für Seiten auf Facebook, die regelmäßig Facebook Veranstaltungen und die Werbung macht es möglich, die Veranstaltung zu sehen und darauf reagieren, von allen interessierten Nutzern, die sind oder sind nicht Mitglieder ihrer Gemeinschaft und alle, die außerhalb ihres Kreises von Freunde auf Facebook

5. Videos anzeigen

Facebook Video wird zu einem zunehmend wichtigen Segment im digitalen Marketing. Es kann schnell eine Nachricht an die Zielgruppe senden, die an Ihren Produkten und Dienstleistungen interessiert sind. Video Views Ankündigung erlaubt das Video so viele Menschen wie möglich anzuzeigen

6. Angebot Ansprüche

wenn Sie häufig kurzfristige Aktionen und Angebote für Ihre Produkte erstellen. Diese Anzeige ist für Sie. Sie können die Menge, die Sie anbieten möchten, präzise definieren, während Benutzer einen speziellen Code herunterladen können, um den Sonderpreis oder ein bestimmtes Produkt zu erreichen.

7. Lead Generationen

wenn Sie ein Rundschreiben oder eine andere Form der Kommunikation verwenden, für die Benutzer ein Formular mit Ihren persönlichen Daten ausfüllen müssen, empfahl ich diese Art einer Anzeige für Sie. Für alle Benutzer, die auf Facebook über mobile Geräte zugreifen können diese anzeigen einfach Ihnen helfen, das Formular mit den benötigten Daten auszufüllen.

8. lokales Bewusstsein

wenn Sie möchten, dass Ihre Facebook-Anzeige für die Menschen an einer Stelle in der Nähe Ihres Unternehmens, die erste Wahl sollte die lokale Anzeige, so dass alle Benutzer, die näher an der Lage sind, über Ihre neuen kleinen Nachbarschaft zu speichern wissen.

9. Produktkatalog Verkauf

für alle Eigentümer von Web-Shops mit einer breiten Palette von Produkten, die ideale Wahl für die Facebook-Anzeige ist die Produkt-Katalog-Verkäufe, die alle Produkte aus dem Webshop, je nach Benutzer und ihre Interessen zeigt.

10. Website-Konvertierungen

Website-Konvertierungen werden verwendet, wenn der Benutzer bestimmte Aktionen ausführen soll, z. b. die Registrierung für Ihren Newsletter, das Kontaktformular ausfüllen oder Ihr Produkt erwerben.

Die Ankündigung verfolgt genau, wie viele Aktionen durchgeführt wurden, und Sie haben eine detaillierte Übersicht über die für die einzelnen Ausgaben verbrachten Haushaltsmittel.

11. Mobile App Installationen

wenn Ihr Unternehmen über eine mobile Anwendung über diese Mobile App Installation anzeigen ist es möglich, neue Benutzer zu finden, um die Anwendung auf Ihr Smartphone herunterladen

12. Mobile App Engagements

Mobile App Engagement kann die Aktivität der bestehenden User-Anwendungen zu erhöhen. Die Anwendung mit Informationen über Flugverbindungen und die Möglichkeit, Flugtickets zu erwerben, können spezielle Flugtickets für bestimmte Benutzer werben.

13. Desktop-App-Installationen

ähnlich wie die Mobile App, Desktop-App-Installation ist gerade, wenn Leute Desktop-Anwendungen herunterladen.

14. Desktop App Engagements

Desktop App Engagement kann die Aktivität der vorhandenen Benutzer Ihrer Desktopanwendungen erhöhen. Schließlich ist es wichtig zu wissen, dass eine einzige Anzeige nur eines der oben genannten Ziele haben kann. Bevor Sie klar, was Sie erreichen wollen und engagieren Experten für die Einrichtung Ihrer Werbung.

Welche Art von Kampagne?

Es gibt Kosten pro Klick, gibt es Kosten pro Umwandlung (Blei oder Verkauf), und es gibt CPM, oder Kosten pro tausend Impressionen.

Die Frage ist, welche von denen Sie fühlen sind die wichtigsten Metriken, die Sie wollen, dass die Menschen Aufmerksamkeit zu schenken?

Die Antwort hängt von ihren Zielen ab. Also, wenn Sie suchen, um Website-Umwandlung zu fahren, sollten Sie mit Kosten pro Umwandlung. Wenn Sie auf der Suche nach allgemeinen Traffic basierend auf ihren Kosten pro tausend dann Ihre Kosten pro Klick wird Ihre größte Metrik. Alternativ, wenn Sie auf der Suche nach einem tatsächlichen Warenkorb kaufen auf Ihrer Website, Kosten pro Kunde oder Kosten pro Kasse geht zu ihrer größten Metrik zu halten ein Auge auf.

Konvertierungen

Es gibt zwei Arten von Konvertierungen. Es gibt Leads und es gibt Leads. Wenn Sie mit LeadPages, die ich persönlich empfehle, dann die Kosten pro Lead wird die größte Metrik für Sie.

Die Metrik, die Sie auf von Facebook Seite der Dinge verlassen sollten, ist die Kosten pro Blei oder Kosten, um eine E-Mail-Adresse zu erwerben. Als nächstes werden wir uns einige Dinge, die Menschen denken werden von Anfang an, die helfen, die Kosten pro Blei-Down

Ich glaube definitiv, dass die Aufrechterhaltung eines Auges auf Metriken auf einer täglichen Basis oder sogar ein paar Mal am Tag hilft. Je schneller Sie können etwas ausschalten, dass nicht funktioniert, je mehr Sie schneiden, dass überschüssige Ausgaben, die letztlich macht Ihre Kosten pro Blei steigen.

Targeting ist ein weiterer wichtiger Punkt im Hinterkopf behalten. Wenn Sie jemanden finden, der wirklich daran interessiert ist, was Sie von Anfang an anzubieten haben, dann wird die Konversionsrate auf Ihrer Zielseite viel besser sein, was letztlich zu niedrigeren Kosten pro Lead führt.

So, wie Sie schauen auf die Kosten pro Blei als Metrik, müssen Sie ein paar Dinge über die Umwelt Facebook wissen. Dieses Wissen wird Ihnen helfen, zu verstehen, was auf Ihren eigenen Websites, leadpages, und Ihre Facebook-Seiten, um sicherzustellen, dass die Kosten pro Lead-Nummer tatsächlich genau gemeldet wird.

Facebook erlaubt Ihnen, so viele Conversion-Pixel zu erstellen, wie Sie möchten. Dann platzieren Sie diesen Ausschnitt des Codes auf der Dankeschön-Seite hinter Ihrem leadpage

auf diese Weise, Facebook kennt jemanden zu dieser Seite, was bedeutet, dass der Kunde hat Ihnen Ihre E-Mail-Adresse, und dann Facebook zählt es als eine Führung oder eine Umwandlung, eine Registrierung, oder was auch immer Sie nennen es innerhalb von Facebook.

Ich denke, immer Sie haben eine wertvolle Asset der jemand möchte herunterladen, ob es ein Webinar, White Paper, PDF, oder etwas, das einen Wert für jemanden gibt, können Sie eine Werbekampagne um Sie herum laufen. Wenn Sie Entsendung besonders häufig auf einem Blog, ich glaube, Sie sollten Entsendung, dass auf Facebook als auch und dann laufende bezahlte Stellen für die Facebook-Posts. Wenn Sie wertvolle Inhalte produzieren, ist es sehr einfach, diese Inhalte mit Facebook Werbung und alle seine Funktionen zu fördern. Also, bei meiner Firma, haben wir gute Ergebnisse und positive Renditen auf die Werbung gesehen, nur durch die Förderung unserer eigenen Inhalte, die wir produzieren.

So, kostenlose Berichte, kostenlosen Download, und Webinar-Registrierungen sind gute Plätze für die Menschen zu gehen und Ihre E-Mail-Adressen in Austausch für Inhalte geben. Dann sind Sie auf Ihrer E-Mail-Liste und Sie können Sie später vermarkten.

Am meisten definitiv, immer, dass Sie eine e-Commerce-Warenkorb, Senden von Verkehr oder zumindest die Prüfung der Prozess der Entsendung von Verkehrs-Verkehr rechts auf den Warenkorb ist ein guter Ansatz.

Sie oder Ihre Website-Betreiber können gehen und einrichten einige (Publikum) für Menschen, die auf Ihrer Preisgestaltung Seite gewesen. Wenn Besucher haben genug Interesse, um den ganzen Weg zu Ihrer Preisgestaltung Seite bekommen, dann können Sie und Sie direkt auf den Warenkorb Seite oder die Preisgestaltung Seite, wo Sie kaufen können.

Wenn jemand genug Absicht zeigt, aber Sie definieren es aus einer Website-Traffic Perspektive, können Sie Recht auf ihre Preisgestaltung Seite zu senden. Allerdings schlagen die meisten Modelle, dass Sie für Lea Opt-in erster und erhalten Sie warm durch eine Art Pflege Sequenz dann, vielleicht auf der Straße schicken Sie zu eine Dankeschön-Seite.

Ich denke, die direkt gezielt Ihre Anzeigen sind und desto mehr können Sie sprechen, um Ihre Zielgruppe, desto besser sind Sie von einem Klickrate, einer Konversionsrate, und von grundsätzlich jeder Metrik, die Sie verbessern möchten. Je gezielter Sie mit ihren anzeigen zu erhalten, desto besser

Jederzeit können Sie Besucher auf Ihre Website zu erhalten und zu sammeln

Daten auf Ihrer Website oder Ihre Zielseite, Sie stehen, um von diesen Informationen profitieren.

Es wird gemeinhin geglaubt, dass der Versand von Traffic auf Facebook wird Ihre Kosten zu senken.

Sie können eine niedrigere Kosten pro Klick, und Sie können sehen, eine niedrigere Kosten pro tausend senden Sie zu einer Facebook-Seite, aber in meiner Erfahrung, habe ich viel niedrigere Konversionsrate von dieser Taktik gesehen und es ist immer noch kostengünstig, um Verkehr zu unserer eigenen Website zu senden.

Kapitel 5: fünf verschiedene Zielgruppen können Sie erreichen

Es ist wichtig, dass Sie die bestehenden Beziehungen, die Sie mit Ihrem derzeitigen und wachsenden Publikum mit den benutzerdefinierten Facebook-Publikum Optionen nutzen.

Facebook erlaubt Ihnen, ADS für fünf verschiedene Arten von Zielgruppen zu laufen. Jeder ist aus verschiedenen Gründen wichtig. Die ersten drei Zuschauer sind Menschen, die eine bestehende Beziehung mit Ihnen haben, entweder auf oder aus der Facebook.

Erstens ist Ihr Facebook-Fans (und Ihre Freunde). Wenn Sie eine Gemeinschaft auf Facebook aufbauen müssen. Dann ist dies eine großartige Gruppe zu beginnen mit. Sie müssen nichts anderes tun, um das Publikum für Marketing vorzubereiten.

Zweitens, Facebook können Sie werben direkt auf Ihrer Datenbank von Kunden oder Abonnenten, die Sie von Facebook gesammelt haben. Diese Gruppe wird häufig von neuen Facebook-Inserenten übersehen, aber Sie sind eine große Gruppe zu Zielen, weil Sie mit einem niedrigeren Kosten pro kommen Klicken Sie im Durchschnitt, zusätzlich, wie Ihre Facebook-Fans, Mitglieder des Publikums sind bereits mit Ihnen vertraut.

Drittens können Sie gezielt Menschen, die bestimmte Seiten auf Ihrer Website besucht haben, dank Facebook Pixel.

Lassen Sie uns anfangen, Ihr Publikum zu erstellen. Im ADS-Manager. Wählen Sie das Publikum aus dem Menü und klicken Sie dann auf die grüne Schaltfläche "Zielgruppe erstellen" in der oberen rechten Ecke.

Wir beginnen mit der Werbung für Ihre bestehenden Kunden, Abonnenten und Verbindungen, so klicken Sie auf ein benutzerdefiniertes Publikum. Klicken Sie auf Kunden-Liste, um eine Liste von Abonnenten, Käufern oder Verbindungen hochzuladen, die Sie über das Leben Ihres Unternehmens gesammelt haben. um sicherzustellen, dass Sie eine qualitativ hochwertige Liste, empfehle ich Ihnen nie eine Liste der Leads zu erwerben und verwenden Sie es zu diesem Zweck.

Stellen Sie sicher, dass jede Liste, die Sie verwenden mindestens Ihre Zielgruppe E-Mail-Adressen. Sie können auch Personen mit ihren Telefonnummern oder anderen Informationen hinzufügen.

Um Ihre Kundendaten zu erhalten. Sie müssen eine Datei von Online- und Offline-Datenbanken herunterladen.

Ihr E-Mail-Dienstanbieter hat ebenfalls einen Abonnenten-Export für Sie in Form einer CSV-Datei.

Sie können direkt auf ihre Verbindungen bei Google, Google Plus und LinkedIn werben. Sehr wenige Menschen nutzen dieses versteckte Merkmal, dass diese sozialen Netzwerke bieten, aber es kann sich als sehr vorteilhaft für Sie.

Um Ihre Google und Google Plus Kontakte zu erhalten, gehen Sie zu MyAccount.Google.com und LOGON, wenn Sie nicht bereits angemeldet sind. Suchen Sie unter Kontoeinstellungen nach dem Bereich Konto-Tools, und laden Sie dann Daten herunter. Klicken Sie auf keine, und überprüfen Sie dann Kontakte und Google + Kreise. Klicken Sie auf den kleinen Dropdownpfeil, um die Daten von einer vCard in eine CSV-Datei für beide Datentypen zu ändern.

Klicken Sie unten auf der Seite auf weiter. Wählen Sie das ZIP-Dateiformat Ihres Archivs aus, und klicken Sie auf Archiv erstellen. Laden Sie die Datei herunter, wenn Sie bereit ist, und suchen Sie nach allen Kontakten. CSV-Datei im Kontaktordner, sowie die Sorte. CSV-Dateien der Kreise, die Sie im Ordner "Google + Circles" erstellt haben. Überprüfen Sie die Informationen in der Kalkulationstabelle und bereinigen Sie ggf.

Um Ihre LinkedIn Connections-Liste zu erhalten, loggen Sie sich in Ihr LinkedIn-Konto ein und klicken Sie im primären Menü auf Verbindungen.

Klicken Sie rechts neben der nächsten Seite auf das kleine Zahnrad-Symbol, um die Einstellungen für die Anschlüsse zu erhalten. Klicken Sie im Bereich erweiterte Einstellungen auf der rechten Seite der Einstellungen auf LinkedIn-Verbindungen exportieren.

Wählen Sie dann nach Microsoft Outlook exportieren (.) (CSV) aus dem Dropdown-Menü und speichern Sie die Datei auf Ihrem Computer.

Kehren Sie zu Ihrem Facebook Custom Publikum CREATION Screene und wählen Sie Datei hochladen.

Das nächste Publikum zu erstellen ist Ihre Zielgruppe. Auch wenn Sie haben sehr wenig Verkehr kommen zu Ihrer Website jetzt, die Einrichtung Retargeting spart Ihnen viel Geld und machen Sie viel Geld im Laufe der Zeit. Plus, auch wenn Sie nicht bereit sind, zu starten laufende bezahlte Anzeigen auf Facebook, sollten Sie noch eine Zielgruppe heute, weil es Facebook zu starten sammeln wertvolle Daten für Sie.

Wählen Sie im Bildschirm Publikum die Option Zielgruppe erstellen, dann benutzerdefiniertes Publikum aus. Diesmal wählen Sie Website-Traffic.

Sie können ein paar verschiedene Zielgruppen zu erstellen, aber der wichtigste Schritt im Augenblick ist es, eine allgemeine Zielgruppe von allen, die Ihre Website besucht zu schaffen.

Vergewissern Sie sich, dass "jeder, der Ihre Website besucht", im Dropdown-Menü ausgewählt ist, und geben Sie die primäre Website-Adresse ein. Dann benennen Sie Ihr Publikum für einfache Berichterstattung. Sie werden wahrscheinlich mehrere Zielgruppen zu erstellen, so stellen Sie sicher, dass Ihr Name Ihr Publikum in einer Weise, die perfekten Sinn für Sie.

Nur die Ziel, im Allgemeinen, ist die Bereitstellung einer Anzeige an jemanden, der mindestens eine Seite auf Ihrer Website.

Ich empfehle die Wahl überall auf Ihrer Website, so können Sie alle diesen Verkehr zu Zielen. Der Algorithmus fügt dann Cookies jedem Besucher hinzu. Dann können Sie den Leuten folgen und liefern Ihnen eine Anzeige für Ihr Geschäft oder Ihren Service, wenn Sie zurück zu Facebook kommen.

An der Stelle, könnten Sie Fragen: gibt es einen Grund, warum Sie eine andere Ziel-Pixel auf verschiedenen Teilen Ihrer Website verwenden, je nachdem, was Verhalten jemand hat auf Ihrer Website ausgestellt?

In anderen Plattformen funktioniert es eigentlich so. Allerdings liegt der Ruhm von Facebook in der Tatsache, dass Sie Ihnen erlauben, ein Ziel zu setzen Pixel auf ihrer ganzen Website. Dann innerhalb der Facebook Ads-Plattform, können Sie anfangen, Ihren Traffic auf der Grundlage der Seite, die Sie gingen, und ob Sie auf die Thank You Page. Also, Facebook-Werbe-Plattform funktioniert wirklich viel einfacher als andere Ziel-Plattformen, weil es nur ein Pixel über Ihre gesamte Website. Das wäre wichtig für jemanden zu verwenden, weil, wenn jemand Ihr Produkt gekauft haben, wollen Sie ein wenig Geld sparen und nicht immer senden Sie anzeigen für die Sache, die Sie bereits gekauft haben.

So würden Sie zwei verschiedene Zielgruppen, eine für jemanden, der auf Ihrer Website und eine für jemanden, der auf Ihrer Website wurde und bekam auf die danke Ihnen Seite. dann können Sie dieses zweite Publikum von ihren anzeigen ausschließen. Sie haben bereits Ihre E-Mail-Adressen. Sie haben bereits ein Produkt von Ihnen jetzt gekauft, so wäre es von keinem nutzen, um Geld für Sie mehr ausgeben.

das vierte Publikum ist für die Skalierung ihrer Werbekampagnen kritisch, wenn Sie ein gutes benutzerdefiniertes Publikum in der Platz, Facebook erlaubt Ihnen, ein nachempfunden wurde Publikum, die Ziele Hunderte von Tausenden oder Millionen von Nutzern, die Facebook hat festgestellt, wie aussehen Ihr benutzerdefiniertes Publikum.

nachempfunden wurde Publikum sind genau das, was Sie klingen: das Publikum von Facebook-Nutzern, die "aussehen wie" die benutzerdefinierte Zielgruppen, die Sie erstellt.

Wir werden beginnen, indem Sie die Zielgruppe, nachempfunden wurde Publikum-Option aus der Facebook-anzeigen Publikum Dashboard. Wählen Sie die Quelle ihrer nachempfunden wurde aus, indem Sie ein benutzerdefiniertes Zielpublikum auswählen, das Sie erstellt haben.

Wählen Sie anschließend die Größe Ihres nachempfunden wurde Publikums aus. Ich empfehle Ihnen, diese Nummer auf der kleineren Seite aus zwei Gründen zu halten. Erstens, die kleinere Gruppe, die bessere Match Facebook macht das Publikum. Zweitens, die enger Ihrer Gruppe, die weniger verschwendet Ausgaben, die Sie mit Ihren Kampagnen haben werden.

Halten Sie Ihre Zielgruppen schmal. Auch wenn Facebook Ihnen riesige Publikum geben kann, werden Sie besser gedient, indem Sie Gruppen von 50.000 bis 100.000 für effektive Kampagnen.

nachempfunden wurde Publikum ist großartig. vor allem, wenn es kommt Expansion und wenn Sie denken, Sie haben aus Ideen für das Publikum zu Ziel Facebook hat einen Algorithmus und ich weiß nicht, ob jemand weiß genau, wie es funktioniert. aber Sie nehmen alle Daten aus Ihrem Ziel-Pixel. Facebook sammelt Daten von jemandem, der auf Ihrer Website gewesen ist. dann spiegeln Sie es mit der ganzen Bevölkerung, die Facebook nutzt und auf Attributen beruhen, kommen Sie mit einer Gruppe, die aussieht wie Menschen, die auf Ihrer Website. Sie können sogar mehr endliche und kommen mit einem nachempfunden wurde Publikum, das aussieht wie Ihre Kunden.

Sie können nie auf Ihrer Website umgewandelt, aber auf der Grundlage von Facebook-Algorithmus, wenn Facebook sagt, dass diese Zielgruppe aussieht wie Ihre Kunden, dann müssen Sie handeln wie Ihre Kunden online nach erfolgreichen Online-Vermarkter, Doppelgänger sind eine gute Gruppe zu Target.

Sie stellen sicher, Facebook weiß, welche Seiten auf Ihrer Website Check-out-Seiten, so dass Facebook Sie informieren, von denen die Menschen zu Kunden geworden sind. Dann, Facebook Figuren aus einem Publikum, das so aussieht, dass auf das Verhalten der Menschen auf Facebook, Ihr Interesse Ebenen und Ihre Online-Aktivität

Das beste, was Facebook zu bieten hat von der Werbe-Seite der Dinge ist nur die Möglichkeit, Ihre Anzeige vor Augen zu erhalten, dass zumindest aus Sicht eines Algorithmus, sollte sich auf Ihre Anzeige.

Das fünfte Publikum ermöglicht es Ihnen, die Nutzer von Facebook auf eine große Anzahl von Faktoren wie Standort, Geschlecht, Alter, Verhaltensweisen, Interessen und mehr Demografie. Dies ist eine wichtige Gruppe zu Target, aber ich empfehle Ihnen, diese Art von Publikum zu bauen Last, weil, wie viel profitabler die anderen vier Zielgruppen neigen zu sein.

Sie können so breit wie Sie wollen oder so endlich wie Sie wollen, aber ich empfehle immer so endlich wie möglich richtigen Weg. Verwenden Sie die Zielgruppenadressierung Funktionen, auch wenn es nur ein kleines Publikum. Finden Sie etwas, das funktioniert und dann beginnen, von dort zu expandieren. Statt mit der Schrotflinte Ansatz von "Hey wir gehen, um anzeigen für alle zu werfen", die ich nicht erfolgreich zu Beginn meiner Online-Geschäft bemüht. Sie sollten wirklich versuchen, Ziel hinunter zu einem kleinen Publikum. Fangen Sie hier an. Finden Sie etwas, das funktioniert, und dann erweitern Sie darauf.

Kapitel 6: Landing Pages und Facebook Ads

Mit LeadPagesTM Bügel können Sie erstaunliche Seiten in weniger als 30 Minuten oder sogar schneller verursachen, wenn Sie den Prozess wiederholen. Es wird keine Notwendigkeit, hin und her mit einem Web-Designer, der vielleicht 2 Wochen dauern, um Ihre Seite zu beenden. Plus, können Sie alle Änderungen, die Sie wollen, ohne zu müssen, um wieder auf Ihren Zeitplan.

Ich empfehle die Verwendung Ihrer Zielseite als Lead Kollektor statt einem Verkaufs-Generator. Es sei denn, Sie sind die Zielgruppe interessierte Menschen, die mit Ihrer Marke mit einer benutzerdefinierten Zielgruppe-Kampagne vertraut sind, ist Ihre beste Wette, um eine Opt-in-Seite statt einer Sales-Seite zu werben.

Ihre Zielseite sollte über einen hohen Call von Action-Knopf oberhalb der Falte, und klicken Sie auf zu einem zweistufigen Opt-in-Form. Haben Sie nicht nur ein Opt-in-Formular auf der Seite selbst.

Idealerweise sollten Sie eine andere Zielseite für jede Zielgruppe, die Sie vermarkten, um die mehr Ihre Zielseite entspricht der Erwartung, die von Ihrer Anzeige und Ihre Zielgruppe, je wahrscheinlicher Sie sind, dass Sie zu konvertieren, dass klicken Sie in eine Lead-Seite.

Sie sollten auch etwas von Wert, der einfach zu verstehen und zu realisieren den Nutzen aus. Webinare sind im Augenblick heiß. Und es überrascht uns nicht. Webinar-Registrierungs-Seiten sind die höchsten Umwandlung Zielseiten im LeadPagesTM System. Menschen reagieren gut auf Webinare, weil es einen eingebauten Sinn für Dringlichkeit, und Sie in der Regel gehen mehr in-Depth zu einem Problem zu lösen, als ein durchschnittliches e-book machen.

Sie können auch verschenken einen kostenlosen Ressourcen-Leitfaden, e-book, Mind Map, oder Audio, die sofortige Befriedigung für Ihren neuen Besucher liefert.

Hier sind ein paar weitere Tipps über High Converting Zielseiten:

• Landing Page Text und Bildmaterial sollte mit dem Versprechen Ihrer Facebook-Anzeige übereinstimmen.

• Zielseiten sollten mit den ständig wechselnden Nutzungsbedingungen von Facebook übereinstimmen.

• Landing Pages sollte einfach für Sie, um schnell anzupassen, Split-Test und duplizieren, basierend auf Ihren individuellen Kampagnen.

Idealerweise bewerben Sie sich direkt von Facebook zu Ihren Opt-in-Seiten. Dann, in Ihrem E-Mail-Follow-up, fahren Sie Ihre interessierten Abonnenten auf der Sales-Seite. Auch wenn Sie Besucher auf Ihre Verkäufe Seite, können Sie verwenden, dass benutzerdefiniertes Publikum Pixel, um die Werbung für die Menschen, die Ihr Angebot gesehen haben, aber noch zu kaufen.

Wählen Sie eine LeadPageTM aus, die Sie verwenden möchten, und passen Sie die Formatvorlagen für Text, Bilder und Farben an. Der Hauptunterschied zwischen einer Sales-Seite und einer Opt-in-Seite ist die Funktion der Schaltfläche Call to Action. Klicken Sie einfach auf das Zahnrad-Symbol für Ihren Knopf und ändern Sie den Zweck der Schaltfläche aus dem Opt-in-Formular anzeigen, um zu URL zu gehen. Verwenden Sie die Zahlung Link erhalten Sie von Ihrem Warenkorb oder Händler-Konto, um Ihre LeadPageTM mit Ihrem Checkout-Prozess zu verbinden.

Denken Sie daran, Sie möchten auch Ihr benutzerdefiniertes Publikum Pixel allen ihren LeadPagesTM hinzufügen, die Sie erstellen. Gehen Sie zu LeadPagesTM Optionen und dann Tracking-Codes. Fügen Sie das Pixel in dieser Head-Tag-Box ein. Denken Sie daran, dies ist nicht dasselbe wie die konversion-Pixel. Sie werden das auf dem Dankeschön-Seite in einem Augenblick verwenden.

Um meine Seite zu veröffentlichen, kann ich beschließen, den LeadPages.NET-Server zu verwenden, zu veröffentlichen, um auf meiner eigenen Seite zu WordPress, zeige es als Tab auf meiner Facebook-Seite, oder Host es auf meinem eigenen Server außerhalb von WordPress ich verwende das WordPress-Plug-in, um es meiner eigenen Domain in nur ein paar Mausklicks hinzuzufügen.

Ich werde klicken Sie auf die Registerkarte LeadPagesTM in WordPress, dann neue hinzufügen. Ich wähle die Seite aus dem Drop-Down-Menü und erstelle die Kugel, die ich auf meiner Domain will. Ich werde Hit veröffentlichen, und ich bin alle mit meiner Seite gesetzt.

Sie können auch veröffentlichen ihre Seiten zu Facebook, und Sie werden in der Regel eine niedrigere Kosten pro Klick, wenn Sie dies tun. Aber wir finden, dass die Konversion für Seiten, die Facebook veröffentlicht nicht in der Regel rechtfertigen, dass Route, weil die durchschnittliche Facebook-Nutzer können leicht durch mehr Benachrichtigungen und andere anzeigen abgelenkt werden, während Sie auf Ihr Angebot suchen. So empfehlen wir, senden Sie Ihre Facebook-Ad-Traffic off Facebook für maximale konversions. Es hilft auch ihre Bemühungen später, wenn die Besucher gehen zu einer Website, die Sie kontrollieren.

Wenn Sie wollen, um Facebook zu veröffentlichen, ist es einfach, in nur wenigen Mausklicks zu tun. Klicken Sie auf Veröffentlichen auf Facebook, wählen Sie die Seite, die Sie wollen, und Sie sind fertig.

Kapitel 7: Karussell-Anzeigen von Side-Scrolling

Facebook hat vor kurzem eine Funktion bekannt als Karussell ADS. Wenn Benutzer über ein Karussell-Anzeige kommen, haben Sie die Möglichkeit, von nebeneinander zu blättern, um bis zu zehn verschiedene Inhalte anzuzeigen, die der Inserenten in einem "Karussell" platziert hat.

Karussell-anzeigen sind große Wahlmöglichkeiten für Werbetreibende, die glauben, dass Sie davon profitieren, dass Ihr Publikum viele verschiedene Fotos, Videos, Links, Schlagzeilen oder Aufrufe von Aktionen in einer Interaktion.

Damit ein Facebook-Benutzer die Gesamtheit der ein Side-Scrolling Karussell anzeigen, müssen Sie manuell Scrollen oder durch diese Ankündigung zu streichen. Diese Anzeigen neigen dazu, ein bisschen mehr interaktiver als andere Formate.

Am häufigsten verwenden Inserenten dieses Format, wenn Sie müssen zeigen, eine Vielzahl von angeboten, um eine erfolgreiche Werbekampagne haben. Zum Beispiel, viele Online-Einzelhändler nutzen das Karussell-Format, um zu zeigen, einige der vielen Produkte, die Sie verkaufen. Nachrichten Organisationen platzieren oft mehrere Schlagzeilen in einer Seite-Scrolling Karussell AD. Alternativ, wenn Sie ein Produkt, das viele spezifische Details zu verkaufen, können Sie ein Karussell-Anzeige zu präsentieren mehrere Fotos des gleichen Artikels, mit jedem Bild porträtiert ein anderes wichtiges Detail Ihres Angebots. Einige kreative Inserenten erzählen eine Geschichte mit diesem Format.

Um Ihre eigene Karussell-Anzeige zu erstellen, loggen Sie sich auf Ihrer Facebook-Seite. Dann finden Sie den Knopf in der oberen rechten Ecke des Bildschirms, der zu fördern sagt; Klicken Sie darauf. Wählen Sie die Option, die liest Ihre Website zu fördern. Facebook wird Sie dann auffordern, Inhalte für Ihr Karussell hochladen. Befolgen Sie Ihre Aufforderungen und, wenn Sie fertig sind Hinzufügen von Inhalten zu Ihrer Anzeige, klicken Sie auf den Link, sagt Promotern Ihr Ad-Manager wird Ihnen wertvolle Feedback zu den Aufführungen ihrer Karussell-anzeigen geben.

Facebook arbeitet noch an dem Video-Teil der Karussell-anzeigen. Die Möglichkeit, mehr als ein Video in das gleiche Karussell-Anzeige ist nur für eine sehr begrenzte Anzahl von Inserenten zur Zeit der Schrift dieses Buches. Facebook beabsichtigt, diese Funktion für alle Inserenten in der Zukunft, jedoch zu machen. Darüber hinaus, wenn Sie die Möglichkeit haben, mehrere Videos in das gleiche Karussell-Anzeige aufzunehmen, werden Sie nicht in der Lage, die Ansicht zählt für jedes einzelne Video zu sehen. Vielmehr wird Facebook Sie nur mit der gesamten kombinierten Anzahl der Ansichten von allen Videos in Ihrer Anzeige zusammen.

Kapitel 8: Facebook Werbung und Copywriting

Schreiben effektive Ad-Kopie für Ihre Facebook-Anzeigen ist wichtiger als die meisten Inserenten denken.

Erstens, Ihre Anzeige muss die Facebook-Review-Prozess, der AD-Inhalte überwacht, um Ihre sich ständig verändernden Leitlinien und, sobald Sie genehmigt ist, wollen Sie sicher sein, es wird wirksam in erreichen Ihrer gewünschten Ziel.

Hier sind 3 Dinge, die Sie tun können, um Erfolg mit ihrer Ad-Kopie sicherzustellen:

1. Vergewissern Sie sich, dass Ihre Nachricht klar und prägnant ist

Wenn Sie Ihre Facebook-Anzeige zu schreiben, stellen Sie sicher, dass Ihre Nachricht beantwortet mindestens eine dieser Fragen (mehr ist besser):

a. Was ist die Anzeige?

b. Wer ist die Anzeige, die erreicht werden soll?

c. Was soll die Anzeige der Leser zu tun?

Sagen Sie, zum Beispiel, dass Ihre Anzeige zielt darauf ab, mehr Bewusstsein für Ihre Marke zu bringen. Durch die Verbindung Ihrer Marke Bild zu den Lesern und wie es Ihnen helfen kann, sind Sie auf zwei der oben genannten Fragen in einem Schuss, weil Sie etwas über die Bedürfnisse des Lesers zu erkennen, während Sie etwas über Ihre Marke zu erklären.

2. Schließen Sie einen starken Aufruf zum Handeln und eine leistungsfähige Überschrift ein

wenn Sie Ihre Facebook-Anzeige zu erstellen, werden Sie kurz-Änderung ihrer Ergebnisse o, wenn Sie nicht einen starken Aufruf zum Handeln. Ein Aufruf zum Handeln könnte einfache Sätze wie "klicken Sie hier, kaufen Sie jetzt," oder "Entdecken Sie mehr".

Ihr Aufruf zum Handeln wird in der Regel müssen kurz und süß, vor allem, wenn Sie eine rechte Seite AD auf Facebook laufen. Newsfeed-anzeigen geben Ihnen die Möglichkeit, eine Schaltfläche zum Aufrufen der Aktion in Ihrer Anzeige einzuschließen.

Über die Überschrift, muss es eine Frage sein, dass die Antwort, die Sie wollen, dass Sie kommen mit in Ihrem Kopf ist ein Ja. Sie würden nicht wollen, um Ihnen eine Frage, dass Ihre erste Antwort wird nicht.

3. veröffentlichen Sie keine Kopie ohne eine andere Reihe von Augen

dies ist besonders wichtig, wenn Sie neu zu schreiben Facebook Ad Copy, aber wäre sicherlich eine gute Idee für jedermann. Nicht nur ein Redakteur (formal oder informell) stellen Sie sicher, dass Ihre Anzeige ohne Grammatik oder Rechtschreibfehler läuft, aber Sie werden Ihnen auch helfen, sicher zu sein, dass Ihre Ad-Kopie sinnvoll ist.

Eine andere Reihe von Augen auf Ihrer Anzeige hilft Ihnen zu vermeiden Publishing-anzeigen, die inhärent scheitern. Erstellen erfolgreicher AD-Copy kommt nicht natürlich für jedermann. So nehmen Sie sich die Zeit, einige Forschungen zu tun, unter Hinweis auf andere anzeigen, die Sie emulieren möchten, wie Sie Ihre eigenen anzeigen zu erstellen.

Und wenn Sie jemals im Zweifel, es könnte sich lohnen, die Investition in eine professionelle Firma oder Berater zu engagieren, um Ihnen zu helfen, ihre ersten paar Kampagnen auf und läuft.

Schließlich können Sie immer mit Facebook's eigenen detaillierten Hilfe Abschnitt zu lernen, die Do 's, nicht und Best Practices von Facebook Werbung.

Kapitel 9: wie zu senken Kosten auf Facebook

die einzige Wahrheit über das Geschäft heute ist kein Geschäft kann überleben und wachsen ohne Werbung. Unternehmen verbringen riesige Summen Geld für die Werbung.

Für große und etablierte Unternehmen, die Kosten für die Werbung ist leicht geboren, aber das ist nicht der Fall für kleine Unternehmen mittlerer Größe. Daher sind diese Unternehmen ständig auf der Suche nach Möglichkeiten, um die Kosten für Ihre Werbung zu senken.

Die riesige Zahl von Leuten, die Facebook verwenden, bildet es eine ideale Plattform für Unternehmen, um potenzielle Kunden zu erreichen. Viele Unternehmen können die deutliche Zunahme des Einkommens infolge erhöhter Sichtbarkeit bezeugen.

Aber die Frage die meisten Unternehmer Fragen ist, ob Werbung auf Facebook ist kostenlos oder nicht. Die Antwort auf diese Frage hängt von der Art der Werbung ab, die Sie suchen.

Die Facebook-Plattform bietet eine riesige Chance für alle Unternehmen auf der ganzen Welt, um Ihre Produkte kostenlos zu werben. Der Erfolg hängt jedoch von der Kreativität des einzelnen Kaufmanns ab. Es ist nur eine Frage der Nutzung der verschiedenen Tools und Optionen von Facebook zur Verfügung gestellt: einzelne Konten, Seiten-Foren und Gruppen können alle für die freien öffentlichen Unternehmen zu veröffentlichen verwendet werden.

Mit Ihrer persönlichen Seite können Sie Ihre Produkte und Dienstleistungen ihren Freunden vorstellen. Je nachdem, wie Sie die Informationen präsentieren, können Freunde Ihrer Freunde das Produkt oder die Dienstleistung an ihrer Wand gepostet. Und wenn Ihre Freunde größere Netzwerke haben, erreichen Sie am Ende einen größeren Markt, als Sie erwarten.

Eine andere Möglichkeit der Werbung für frei auf Facebook ist, indem Sie Diskussionsgruppen und Foren im Zusammenhang mit ihrer Linie des Geschäfts. Sie haben nicht und sofort anfangen, ein Produkt oder ein Geschäft zu fördern.

Zuerst nehmen Sie sich Zeit, sich mit den Mitgliedern vertraut zu machen und die Regeln der Gruppe zu erlernen. Sie etablieren sich dann als glaubwürdiger Mitglied, indem Sie sinnvoll machen. Beiträge in Form von Kommentaren und Postzeit sind nur danach, dass Sie Ihre eigenen Produkte und Dienstleistungen einführen können.

Sie können auch eine kostenlose Seite für Ihre Produkte oder Unternehmen, und verknüpfen Sie diese Seite mit Ihrer Website, so dass Menschen, die Ihre Seite besuchen, sind direkt mit Ihrer Website verlinkt.

Auf der anderen Seite, die Platzierung Facebook "like"-button auf Ihrer Website gibt Besuchern die Möglichkeit, Ihr Geschäft für Sie, kostenlos zu fördern.

Abgesehen von dieser kostenlosen Möglichkeiten, gibt es, was wird als Facebook-Anzeigen richtig bezeichnet. Dies ist ein System, das von den Eigentümern von Facebook eingeführt wird, um Einkommen für die Seite zu generieren.

Diese Anzeigen sind nicht frei und arbeiten wie Google AdWords. Sie legen ihre eigenen Kosten und Facebook gibt Ihnen ein Paket, um ihren Haushalt.

Es wurde argumentiert, dass Facebook-Anzeigen sind nicht so lohnend, wie die Nutzung der Plattform selbst. Facebook Ads sollte als Kompliment die kostenlosen Möglichkeiten auf der Plattform verwendet werden.

Facebook hat alles, was es für Unternehmen braucht, um kostenlos zu werben. Unternehmen sollten lernen, diese Chancen nutzen zu können.

Wie zu verringern Ihrer Facebook Werbung Kosten

Wenn Sie alle Internet-Geschäft ist es wahrscheinlicher, dass Sie in Werbung auf dem Netz zu investieren, um sicherzustellen, dass Sie den Erfolg für Ihr Unternehmen erreichen werden.

Facebook Advertising ist ein guter Weg, um diesen geschäftlichen Erfolg zu erreichen. In Anbetracht seiner Fähigkeiten, um eine breite Reichweite, mit seinen Hunderten von Millionen von aktiven Nutzern zu decken.

Also, wenn Sie werben auf Facebook, nicht nur wird es weniger Kosten, sondern auch mehr Tendenzen, die Menschen direkt zu Ihrer Zielseite oder Fan-Seite als senden Sie direkt auf Ihre Website. Und durch diese Weise wird es wahrscheinlicher sein, Ihr Publikum zu behalten und Ihr Vertrauen später zu gewinnen, was wahrscheinlich zu einem Umsatz in der Zukunft führen kann.

Aber zuerst müssen Sie den Unterschied zwischen Werbung in Facebook mit ihren Kosten pro Klick-Scheme und Kosten pro tausend Impressionen im Vergleich zu diesen anzeigen mit den anderen Netzwerken zu verstehen.

Daher, Facebook-Werbung auf einer Plattform, die auf verschiedenen demografischen der Benutzer, die Sie planen, um Ziel, wie wenn Sie sich entscheiden, bestimmte Altersgruppen, Bildungsniveau, Geschlecht oder andere Benutzer Besonderheiten.

Wie bereits erwähnt, Werbung auf dieser sozialen Website ist so billig im Vergleich zu den anderen AD-Programme auf anderen Netzen und Sie werden dies bemerken, wenn Sie es versuchen, das erste Mal.

Und daher in Anbetracht seiner einzigartigen Weg der Targeting-Nutzer, werden Sie nicht erleben Sie mit etwas anderes online.

Jedoch durch Werbung auf Facebook ihr erstes Spielzeug mit Kosten pro Klick, wie definitiv es ist viel billiger als die Kosten pro tausend Impressionen. Sie werden bemerken, dass dies auch mit AD-Programmen mit den anderen Netzwerken wahr ist.

Durch das Starten mit der Entscheidung für Pay-per-Click. Facebook wird Ihnen eine vorgeschlagene Gebot Bereich mit einem bestimmten Betrag. Bieten Sie nicht auf den niedrigsten Betrag in der vorgeschlagenen Gebot Bereich und führen Sie Ihre anzeigen. Sie werden bemerken, dass Ihre Facebook-anzeigen Tendenzen zu erhalten genehmigt haben, vorausgesetzt, Sie befolgen ihre Richtlinien gründlich.

Aber sobald Ihre Anzeigen sind bereits laufen nicht aufhören, aber weiter Überwachung ihrer Klicken durch und wenn Sie sich bewusst, dass Sie nicht immer genug, dann ist es notwendig, dass Sie mehr Gebot.

Wenn Sie Ihre anzeigen, um die geringeren Kosten nicht warten, bis Facebook, um Ihre vorgeschlagene Gebot Bereich zu erhöhen, was passieren kann, wenn Sie nicht immer eine erhebliche Umstellung und Facebook wird aufhören, ihre anzeigen zu halten.

Sobald dies geschieht, wird Ihre vorgeschlagene Gebot zu erhöhen, so vor diesem passiert, müssen Sie Ihr Gebot etwas höher als ihre erste und führen Sie Ihre Anzeigen wieder zu erhöhen.

Wie Sie Ihre CPC auf Facebook-anzeigen zu reduzieren

Die CPC-Experten haben zu dem Schluss gezogen, dass die CPCs niedriger sind, wenn die verknüpfte Website mit einer internen Seite verbunden ist. Dies ist, weil es Links außerhalb, die weitere Kosten zu pflegen.

Die spezifischen Ursachen sind sehr kompliziert und technisch in ihren inhärenten Merkmalen. Das ist, warum mehr Website-Eigentümer wenden sich an CPC-Berater zu Rampe Ihre Einnahmen, die Auswirkungen auf die Faktoren können die Demographie des Zielmarkt, der Zeitpunkt der Veröffentlichung der Anzeige, Facebook Publikum spezifische Faktoren, und dergleichen.

Zweitens ist es weithin bekannt, dass, wenn Sie eine höhere CTR haben, wird ihr CPC niedriger (ähnlich wie Google). Wenn Sie eine Verbindung zu einem internen Fan-Seite, Ihre Anzeige sollten Sie immer einen Grund für jemanden zu "like" Ihre Fan-Seite. Durch Split-Tests haben wir festgestellt, dass die CTR unglaublich hoch ist, wenn wir einfache Ad-knallharten wie "klicken Sie wie XYZ"

Ein Beispiel könnte sein, wenn Sie eine Fan-Seite für Basketball-Tricks erstellen, könnten Sie einfach Ziel Facebook-Nutzer, die Basketball als ein Interesse haben und dann könnten Sie eine Anzeige mit der Angabe "klicken Sie wie, wenn Sie wie Basketball" oder "klicken Sie wie, wenn Sie wollen, spielen wie Lebron James".

Das ist nur ein Beispiel und Sie können es nach Ihrem Geschmack ändern. Unterschätzen Sie nie die Macht der riesigen Massen. Der beste Weg, um eine Menge von Internet-Traffic (übersetzen zu verkaufen) ist, eine riesige Anzahl von Mitgliedern bereits abonniert haben, um Ihre beworben Website.

Dies ist die Macht der Zahlen und mit Anhänger Folgen der Packung. Alle Fan-Seiten starten at0 so versuchen Sie Ihr bestes, um Ihr internes Netzwerk wie Ihre Seite zu erhalten. Eine andere Möglichkeit, Drop Sie Facebook Ad CPC ist, indem Sie Ihren Markt. In den AD-Optionen gibt es eine Möglichkeit, das Geschlecht, Alter, demographische und Interesse Ihres Zielmarkt anzugeben. Wenn Sie das Interesse Ihres Marktes spezifizieren, ist es sehr wichtig, dass Sie nur ein oder zwei Interessen für Ihre Anzeige spezifizieren.

Der Grund dafür ist, dass es, da es gezielter wird Ihr COC senken. Sie müssen mehrere anzeigen, die verschiedene gezielte Interessen haben, aber die gleiche AD-Image und Kopie zu erstellen. Dies hilft Ihnen auch, festzustellen, welche Anzeigen am effektivsten sind und die höheren CPC-anzeigen beseitigen.

Schließlich, wahrscheinlich das wichtigste Merkmal Ihrer Anzeige auf Facebook ist Ihre Anzeige Bild. Diese Anzeige Bild sollte nicht komplementäre Farben zu Facebook (blau und weiß) und sollte ein Bild, das sich wirklich abhebt von den Rest.

Sie können das wunderschön fotografiert Bild verwenden. Aber wenn jemand nicht bemerkt, es in ihrer Peripherie-Vision, Sie sind aus dem Glück. Wir liefen einmal eine Anzeige, die eine Flasche Milch mit den Wörtern "RAW" über die Spitze war. Durchaus möglicherweise, es war die hässlichste Anzeige auf Facebook, aber es hatte eine große Resonanz und lieferte eine große konversionRate. Je mehr klicken Sie haben, umso niedriger ist ihr CPC.

Es ist wichtig, Split Test Ihre Anzeigen und sehen, was ist die effektivste Anzeige für Sie. Wenn Sie Besucher auf eine interne Facebook Fan-Seite fahren, wollen Sie zu überwachen, wie viele wir Sie erhalten, vs klicken Sie durch unsere Split-Tests, haben wir es geschafft, eine gute Rate 80 % Umwandlung haben.

Eine Click-through-Rate unter 0,1 % bedeutet normalerweise, dass Sie die Anzeige anpassen müssen. Facebook ADS kann eine ausgezeichnete Ressource sein, um mehr Geschäft zu erzeugen, wenn Sie richtig verwendet wird. Die niedrigste CPC haben wir Inserenten da draußen, die unter 1 Cent Klicks.

Kapitel 10: Split-Test und mehrere Anzeigen in wenigen Sekunden

Was ist Split-Tests?

Split-Tests ist nichts anderes als das Testen unterschiedlicher Variationen innerhalb Ihrer PPC Kampagne zu sehen, welche Variation gibt Ihnen die besten Ergebnisse und am Ende der beste Knall für Ihr Buck.

Es wird empfohlen, immer Split-Test jedes Mal, wenn Sie anfangen zu zahlen pro Klicken Sie Marketing, nie starten eine Kampagne mit einer Reihe von Schlüsselwörter und lassen Sie es laufen, wie es ist. Für diejenigen von Ihnen, die nicht von Split-Tests gehört haben, ist ein wertvoller Teil der laufenden eine erfolgreiche Online-Marketing- und Werbekampagne.

In einem anderen Wort; so definieren Sie den Prozess weiter, Split-Tests oder manchmal auch a/B-Tests wird eine Komponente der Anzeige bei gleichzeitiger Beibehaltung aller anderen Variablen als die ursprünglich waren und diese ein Element zu einem Zeitpunkt zu bestimmen, welche Ad-Performance besser ist und die man nicht.

Jetzt gibt es eine spezifische Weise auf, wie man Split-Tests durchführt und gleichzeitig die Zahlen analysiert, also lassen Sie uns versuchen, zu sehen, was Sie sind. Die wichtigsten Variablen in Ihrer Anzeige sind die Zielgruppenadressierung (bezieht sich auf den Prozess, durch den die Anzeige ein Kunde kennzeichnet), die Kopie < die Bilder oder Bilder und den Titel.

Jetzt, um Split-Tests genau zu sein, oder zumindest sehr nahe es, die anzeigen einmal geändert werden sollten unter den gleichen Bedingungen wie vor der gleichen Zeit, denselben Tag, dasselbe Gebot, gleiche Länge der Zeit, und alle anderen Bedingungen, die während der ersten Ausführung anwesend waren und wenn diese Bedingungen nicht erfüllt sind, können die Ergebnisse nicht als schlüssig betrachtet werden, da die Umstände der beiden Prüfungen nicht identisch waren, und es kann Variablen geben, die zum ehemaligen Ergebnis beitragen, das nicht auf dem zweiten und Visa versa vorhanden ist.

Schauen Sie genau auf die Berichte und konzentrieren sich auf, was bestimmte Add gut, und dieser Prozess ist ein bisschen kompliziert, weil ich Websites mit mehreren Besuchern gesehen haben, aber die Konvertierungen sind minimal, so konzentrieren sich auf Konvertierungen und messen den Erfolg der Anzeige auf, dass.

Seien Sie kreativ, indem Sie neue anzeigen, nicht versuchen, eine Anzeige zu reparieren, wenn Sie nicht groß, verwerfen Sie es und ändern Sie es und Sie können sogar die Facebook "erstellen Sie eine ähnliche Anzeige" Tab zu unterstützen Sie und Sie erhalten halten Sie Ihre Einstellungen als gut.

In Facebook Ads, die primären Dinge, die genau zu überwachen geklickt werden, klicken Sie durch die Sätze oder CTR, Aktionen, Aktionen, und die CPC und alle diese Variablen unterscheiden sich voneinander vor allem Sie laufen eine spezielle Art von Werbekampagne. Jedoch immer im Hinterkopf behalten, dass, wie Ihre Anzeige wird gezielter, desto höher der Klick-through-Rate wäre ideal.

In der Split-Test-Prozess, probieren Sie populäre Überzeugungen mit wissenschaftlichen Unterstützung wie Frauen reagieren günstig, wenn die Farbe Rosa ist dominant auf Ihre anzeigen, und obwohl es vielleicht nicht ganz zutreffend für alle Frauen, zumindest eine Mehrheit von Ihnen wäre eine erhebliche Gebot Nummer i f Sie denken in Bezug auf die Kaufkraft.

und es gibt nur einen Weg, um herauszufinden, und das ist durch Split-Tests.

Facebook Ad Split-Tests; wie geht es?

Sind Sie ein typisches "Set es und vergessen Sie es" Facebook-Inserenten? Was ist typisch? Sowie. Vielleicht haben Sie eine Werbekampagne gestartet lassen Sie es laufen und wurden mit den Ergebnissen enttäuscht.

Vielleicht haben Sie zu wenig Klicks für zu hohe Kosten bekommen. Vielleicht haben Sie Ihre Hände in der Luft in Wut und Frustration geworfen, Fluch Facebook Ad-Plattform und schwören, nie einen anderen Groschen mit Ihnen verbringen.

Klang weit hergeholt? Die Realität ist, passiert es jeden Tag an Unternehmen auf der ganzen Welt, die auf Facebook werben

Also, wenn Sie bereit sind, Facebook eine weitere Chance zu geben und bereit, einige einfache Tipps, um den Erfolg zu gewährleisten, das nächste Mal, lesen Sie weiter.

Erstens, von allen Facebook ist nicht Schuld. Sie sind derjenige, der die anzeigen erstellt, bestimmt, wer Ihre Zielgruppe ist und ist für die Überwachung verantwortlich

Monitoring und Tweaking?

Das ist richtig, im Gegensatz zu laufen eine Anzeige in ihrer wöchentlichen oder monatlichen Zeitung, Facebook gibt Ihnen Zugang zu Ergebnissen, die etwa als "Echtzeit", wie es bekommt.

Der Vorteil hier ist, dass Sie tatsächlich mehrere Anzeigen gleichzeitig auf eine Vielzahl von Zielgruppen und dann die Sieger zu identifizieren und zu stoppen, die Verlierer laufen lassen können.

Die Quintessenz ist, dass Sie einfach zu testen, testen, testen und zwicken, zwicken und es dauert ein kleines Budget und eine kurze Zeit zu tun. Sagen Sie, Sie gehen auf eine Anzeige laufen. Sie werden zunächst ein Bild zu identifizieren, die Aufmerksamkeit erregen wird, bevor ihre Aussichten auch auf die Schlagzeile der Anzeige.

Woher wissen Sie, welches Bild verwendet werden soll? Es ist leicht durch "Split-Tests" erreicht und Facebook tatsächlich bietet Ihnen die Werkzeuge, um diese ziemlich einfach jede Anzeige, die Sie ausführen können mehrere Bilder enthalten.

Nachdem Sie gefunden haben, die mit Ihrem Publikum schwingt (l.e. es bekommt mehr Klicks als die anderen), bewegen Sie sich auf Split testen eine andere Variable, wie Ihre Überschrift oder Beschreibung Text.

Insgesamt gibt es nicht alle, dass viele Dinge, die Sie haben die Möglichkeit, innerhalb Ihrer Facebook-anzeigen zu ändern, aber hier ist eine Liste der vier allgemeinen Bereichen, in denen Sie die Fähigkeit zu testen und zu verbessern:

1. Ihr Bild erinnert sich, ein Bild ist nicht immer nur über das Bild. Es könnte Hintergrundfarbe oder sogar die Größe oder Perspektive des Inhalts des Bildes sein. Es kann sogar der Text sein, den Sie als Teil Ihres Bildes einschließen.

2. Ihre Kopie-ist Ihre Nachricht klar? Ergreift es Ihre Zielgruppe Aufmerksamkeit? Ist es für Sie relevant? Versuchen Sie, ihre Ad-Kopie oder auch, was Sie fordern Ihr Publikum zu tun

3. Ihr Zielpublikum Interesse-Facebook Targeting kann unendlich optimiert werden, wenn es um das Publikum Interesse kommt. ist Ihr Interesse, gesetzt zu breit? ist es relevant für die Nachricht, die Sie kommunizieren? ist das Interesse darauf hindeutet, dass Ihr Ziel ist sogar gonna kaufen, was Sie verkaufen? Denken Sie daran, dass jemand, der "Wein trinken" mag nicht die gleiche wie jemand, der "Napa Valley AVA" mag.

4. Ihre Zielgruppe Demografie-versuchen Sie Splitten Ihr Publikum in Alter, Geschlecht, etc und dann versuchen Sie Ihre anzeigen. Je besser Sie dies tun, desto besser Ihre Anzeigen sollten durchführen.

Hinweis: erfolgreiche Werbung inhärent beinhaltet Tests, und Facebook bietet eine der einfachsten, schnellste und gezielte Möglichkeiten, um Ihren Erfolg zu gewährleisten.

die Möglichkeiten, Ihre PPC-Anzeigen zu testen

Pay-per-Click-Werbung ist sehr beliebt Marketing-Taktik von Unternehmen verwendet, um Ihre Dienstleistungen und Produkte Kampagnen-Management und Tests zu fördern, können Sie am Ende verbringen viel mehr Geld auf lange Sicht.

Deshalb möchte ich Ihnen zeigen, nur ein paar Dinge, die Sie tun können, um besser Ihren POI mit Ihrer PPC-Marketing-Kampagne zu erhöhen.

Dinge, die in Ihrem PPC-Kampagne zu testen, um nicht nur sehen, was besser für Sie, sondern auch sparen Sie dringend benötigte Geld auf lange Sicht.

1. Ad-Titel: Stellen Sie sicher, dass Sie mehrere Anzeigen in Ihrer Kampagne, nie verwenden nur eine Anzeige und erwarten, dass große Ergebnisse zu sehen. mit verschiedenen AD-Titeln wird Ihnen sagen, welche ich anziehe mehr Zuschauer auf die Anzeige klicken. Sie können diese Ergebnisse sehen, indem Sie die Eindrücke, die Sie erhalten, von einer Reihe von Klicks erhalten, die Sie gewinnen. Dies ist Ihre Standard-CTR der catche ad-Titel ist, umso anfälliger ein Benutzer ist, klicken Sie auf Ihre Anzeige.

2. Anzeige Beschreibungen: um zusammen mit ihren mehrfachen anzeigen zu gehen, müssen Sie mehrfache Beschreibungen für jeden verursachen. Dies ist die nächste, die unter Ihrem AD-Titel angezeigt wird und machen oder brechen Sie von Erhalt eines Klicks oder die Benutzer, die Ihre Anzeige durch für die nächste.

Versprechen Sie nicht Dinge, die Ihre Website nicht liefern kann, dass in Verschwendung Geld, da der Betrachter wird die Website verlassen, sobald Sie sehen, es ist nicht, was Sie suchten.

3. Tageszeit: Testen Sie Ihre anzeigen zu verschiedenen Zeitpunkten des Tages und der Nacht, können Sie finden, was Sie Werbung für die Arbeit am besten spät in der Nacht statt früh am Morgen.

4. Wenn Sie auf einem begrenzten Budget sind, ist dies etwas, das Sie tun müssen. Warum richten Sie Ihre Kampagne, um 24 Stunden, wenn Ihr bester Verkehr kommt zwischen 10.00-17.00 Uhr laufen? Sie können innerhalb Ihrer Kampagne und Website stats sehen, welche Zeiter des Tages produzieren besser als andere.

5. Landing Pages dies wird oft übersehen von vielen, wie neue Benutzer zu Pay-per-Click-Marketing wird einfach den Betrachter direkt auf die Homepage Ihrer Website zu senden.

Ich empfehle dringend, die Einrichtung einer tatsächlichen Zielseite, die den Nutzern nur genügend Informationen über den Schlüssel Phrase, die Sie suchten nach noch nicht den vollen Zugriff auf andere Seiten Ihrer Website. am Ende möchten Sie entweder, dass Sie etwas kaufen oder ein Formular ausfüllen. So geben Sie nur, dass auf Ihrer Zielseite und vielleicht einige Kontaktinformationen, Datenschutzrichtlinie und alle Bedingungen, die Sie vielleicht wissen müssen.

um diesen Schritt weiter zu nehmen, richten Sie mehrere Zielseiten ein und sehen, welche das beste für Sie konvertiert. Wenn Sie nur mit einer Zielseite, werden Sie nie wissen, wie viel besser können Sie tun, es sei denn, Sie baute ein paar von Ihnen und getestet, gegen einander.

6. Lage Targeting: Blick auf Ihre Website stats und sehen, welche Staaten und oder Städte sind die Umwandlung besser für Ihre Website. Sie können dann Ihre PPC-Kampagne auf nur die Zustände oder bestimmte Städte konzentrieren, um wirklich NULL in mehr Geschäft für Ihre Website.

Warum Geld-Marketing für Menschen in Houston, die nicht konvertieren, wenn Sie sich auf sagen, Dallas, die Umwandlung zu konzentrieren. Mit diesen grundlegenden Tipps, können Sie auf Ihrem Weg zu sehen, eine bessere Rendite für Ihre Pay-per-Click-Marketing-Kampagnen.

Ohne Split-Tests, sind Sie blind zu wissen, was am besten für Ihre Website und am Ende, bringen Sie mehr Klicks, die umwandeln.

Nach dem, was wir gerade gesagt haben, gibt es eine wirklich schnelle Weise, mehrfache ADS buchstäblich in wenigen Sekunden zu verursachen, weil Facebook es nicht tut, und es ist Qwaya. Es sieht ähnlich wie Facebook als Schnittstelle und mit nur einem Klick erstellt mehrere anzeigen "Mixing" Headline, Text, Bilder, die Sie auf Ihrer Facebook-Werbe-Plattform laufen können.

Kapitel 11: Holen Sie sich bessere Ergebnisse Spionage Wettbewerber

Geld verdienen mit Ihrem eigenen Markt ist eine ganz einfache Sache zu tun, wenn Sie wissen, wie man es funktioniert. Aber eine Sache, die die meisten von uns nicht wissen, ist die Tatsache, dass es mehr nur auf Ihrer Website allein konzentrieren.

Wenn Sie denken, dass es nur um die Master-Techniken auf Ihrer Website allein, um einen Gewinn zu machen, gut sind Sie falsch. Es gibt noch etwas, das Sie tun müssen, dass dieses Kapitel kurz mit Ihnen besprechen wird.

Spionage auf einem Wettbewerb, das in sich selbst erklärt alles. Wenn Sie in Internet-Marketing zu erhalten, müssen Sie auch in die Tatsache, dass Sie nicht der einzige, der versucht, die Aufmerksamkeit der Menschen auf das, was Sie verkaufen und bietet Ihnen zu suchen; es gibt eine Menge mehr da draußen, die genau wie Sie versuchen, mehr zu machen. Deshalb ist es sehr wichtig zu sehen, was andere tun.

Um herauszufinden, was die anderen Konkurrenten tun, alles, was Sie tun müssen, ist nach diesen wenigen sehr einfachen Schritten. Zuerst gehen Sie zu Google und suchen Sie das bestimmte Stichwort Ihres Marktes.

Danach werden Sie sehen, was die Menschen bieten auf und wenn jemand Gebote auf die bestimmte Begriff Ihrer Wahl. Als nächstes überprüfen Sie heraus die Aufstellungsorte, die herauf mit den Resultaten kommen und sehen, ob es irgendwelche AdSense oder irgendeine Art ADS in ihm gibt.

Es gibt Werkzeuge, die Sie verwenden können, um zu sehen, was die Menschen bieten, was Ihre Schlüsselwörter ist, wie viel Sie bezahlen und wie lange Sie laufen. Verwenden Sie diese effektiven Tools, um die Antwort auf die bestimmten Fragen zu finden.

Um herauszufinden, was funktioniert, herauszufinden, was Sie können und wie kann besser, so dass Sie Ihren Weg zu einem Vermögen machen werden

Wie Spion auf Ihre Konkurrenten AdWords-Kampagnen

AdWords-Kampagnen sind kompliziert genug, wie es ist, sondern wächst immer komplizierter, wenn Sie in der Wirkung von massiven Konkurrenten zu werfen. Es ist äußerst wichtig zu wissen, was Ihre Wettbewerber bieten, wie viel Sie zahlen, und wie diese Schlüsselwörter durchführen.

Lücke für Sie, Traffic Travis hat unter seinen vielen Werkzeugen eine Methode der Spionage auf Ihre Wettbewerber AdWords-Kampagnen, so dass Sie eine Tonne nützliche Daten, um Ihre eigene Kampagne zu bauen

Traffic Travis für AdWords Spionage

Um zu beginnen, gehen Sie auf die PPC-Analyse Seite und laden Sie entweder ein vorhandenes Projekt, wenn Sie bereits einige Keyword-Recherche im Verkehr Travis getan haben. Denken Sie immer daran, Ihre Schlüsselwörter in txt-Dateien zu speichern, damit Sie später als Projekte in anderen Teilen der Software laden können.

Wenn Sie kein Projekt bereits erstellt haben, fügen Sie ein neues mit der Schaltfläche "Projekt hinzufügen" hinzu. Wählen Sie den Namen Ihres Projekts, die Version von Google für Ihre Forschung und fügen Sie dann Ihre Schlüsselwörter unter dem Stichwort Registerkarte.

Auch wenn Sie eine txt-Datei bereits, laden Sie es jetzt. Wenn nicht, erstellen Sie eine Liste von Schlüsselwörtern zu nachschlagen.

Ich empfehle, es Relativität kurz zu halten jedes Mal, so dass Sie die Daten, die zeigt, wenn Sie 2,000 Schlüsselwörter aus der Fledermaus analysieren können, würde es Stunden dauern, um durch alles zu sortieren.

Sobald Sie Schlüsselwörter. Hinzugefügt haben, erstellen Sie Ihr Projekt und klicken Sie dann auf die Schaltfläche "Update starten", die auf der PPC-Analyse-Seite erscheint. Dies wird durch Google AdWords-Inserate und erstellen Sie eine Liste der Daten zu ziehen aus Bezug auf Ihre Schlüsselwörter.

1. Schlüsselwörter: die Schlüsselwörter Tab zeigt die Schlüsselwörter zusammen mit, wie viele Anzeigen sind derzeit zeigen, und wie viele Inserenten sind durch diese Schlüsselwörter rotieren. Dies ist wichtig, um die Wettbewerber Lautstärke zu messen.

2. Top-Websites: Sie können dann auf die Top-Websites für jedes Stichwort, so dass Sie sehen, wo Sie auftauchen, ihren durchschnittlichen Rang, und Ihr gesamtes Listing Stärke in Google. Dies hilft Ihnen zu sehen, ob Bio-SEO könnte eine bessere Route als PPC. Klicken Sie auf eine beliebige Top-Website, um die Wörter, die Ihrer PPC-Liste.

3. populäre Suchbegriffe: auf dieser Registerkarte können Sie die maximalen anzeigen, Minimum ADS und eindeutige ADS-Nummern sehen. Sie können auch sehen, wie viele Aufstellungsorte für jedes Schlüsselwort erscheinen, zeigt Ihnen, welche die populärsten basieren auf den Aufstellungsorten, die gefunden wurden.

4. Website-Schlüsselwörter: dieser letzte wird diese Top-Sites und brechen Sie auf, um anzuzeigen. Welche Schlüsselwörter in Ihrer Liste sind optimiert für. Dies wird Ihnen eine Vorstellung davon, welche Art von Qualitätsfaktor Sie genießen, und wie schwer es wäre, um diese Worte organisch konkurrieren. Zum größten Teil, es mag nicht scheinen, wie Sie bekommen exakte Daten über Ihre Wettbewerber und Ihre PPC-Kampagnen, aber wenn Sie einen genauen Blick, Sie tatsächlich gewinnen eine Menge Informationen hier.

Sie wissen jetzt, wie viele Menschen anzeigen haben, wie diese anzeigen Rang, wie gut optimiert Sie sind organisch.

Wie Spion auf der PPC-Kampagne Ihres Konkurrenten?

PPC ist eine leistungsfähige Weise, gezielt Besucher zu Ihrer Web Seite zu erzeugen. Wenn Sie richtig gemacht, können Sie viel Geld verdienen mit ihm. Um jedoch eine profitable Kampagne zu haben, müssen Sie die richtigen Keywords auswählen. Ansonsten werden Sie am Ende verschwenden eine Menge Geld.

1. verwenden Sie das Google AdWords Keyword-Tool. Sie sind vermutlich bereits mit diesem Werkzeug vertraut. Klicken Sie im AdWords-Tool auf "Website-Inhalte" ein geben Sie Ihre Website-Adresse Ihrer Mitbewerber ein.

2. das AdWords-Tool generiert eine Liste der Schlüsselwörter auf der Website Ihres Konkurrenten. Es wird auch zeigen, wie wettbewerbsfähig die Schlüsselwörter sind.

3. verwenden Sie PPC Spy Tool, um herauszufinden, welche Keywords Ihre Wettbewerber bieten auf. Mit einem PPC Spy-Tool, können Sie alle Keywords sehen jeder Anbieter ist geboten, wie viel Sie zahlen, wie viele Klicks Sie bekommen, und vieles mehr. Sie können auch die reale Ziel-URL anstelle des Display-URLs herausfinden.

Mit dieser Funktion können Sie sehen, ob Ihre Wettbewerber tatsächlich Tracking Ihre Pay-per-Click-Kampagnen.

Wenn Sie ein profitables Stichwort, das zu teuer zu sein scheint zu bieten, zu überprüfen, wie schwierig es ist, auf der ersten Suchmaschinen-Ergebnisseite Rang zu erhalten. Manchmal ist es besser nicht in der "Ausschreibung Krieg beteiligt" und einfach versuchen, Rang natürlich schriftlich Blog-Post oder Artikel zu erhalten.

Wenn Sie einen PPC Spy-Tool verwenden möchten, können Sie versuchen, ein freies ein erstes und überprüfen Sie die Ergebnisse, bevor Sie Geld ausgeben

Abschluss

als Social Media Manager, verstehen, wie Facebook-Anzeigen für Ihre Marketing-Strategie zu nutzen ist unerlässlich.

Facebook-anzeigen können Ihr Unternehmen soziale Reichweite zu verwandeln, ohne ihren Haushalt in diesem Buch teilen wir mit Ihnen alles, was Sie wissen müssen über Werbung auf Facebook von der Einrichtung einer Kampagne zur Verfolgung von Ergebnissen.

Facebook Werbung ermöglicht Unternehmen, um kundenspezifische anzeigen oder Inhalte gezielt auf ein bestimmtes Publikum mit Kosten variieren je nach Reichweite und Engagement der Ad empfängt.

Facebook Ads können in Ihrem Zielpublikum der Nachrichten-Zufuhr oder der rechten Spalte auf Facebook erscheinen. Wenn Sie auf Facebook werben, erhalten Sie Einblick in Ihre aktuellen und potenziellen Kunden.

Die Daten, die Sie sammeln über Facebook-anzeigen ermöglichen Ihnen, ihre Ausrichtung für eine effizientere und effektive Werbung Erfahrung zu verbessern.

Vor allem, Denken Sie daran Facebook Werbung bewährte Methoden bevor Sie anfangen, denken Sie daran, diese drei Facebook WerbungBewährte Methoden:

1. bestimmen Sie immer Ihre Ziele, bevor Sie anfangen. Es ist wichtig, den Zweck Ihrer Facebook-Anzeige zu kennen, bevor Sie über ein Budget für Werbung entscheiden. Verstehen, ob das Ziel ist es, Brand Awareness, Konversion, Video-Kiews, etc. zu erhöhen.

2. jede Aktion von Ihrem Publikum auf Ihrer Facebook-Anzeige kostet Geld, so stellen Sie sicher, dass Ihre Ziele, bevor Sie diese Investitionen.

3. seien Sie spezifisch für Ihr Publikum Targeting Facebook Häuser Millionen, wenn nicht Milliarden, von Datenpunkten. Nehmen Sie sich die Zeit, um Ihre Zielgruppe zu beschränken, um sicherzustellen, dass Ihre Anzeige wird angezeigt, wo die Menschen, die Sie sehen wollen, wird es sein.

Drehen Sie Ihre Anzeigen regelmäßig, um AD-Müdigkeit zu vermeiden, drehen Sie Ihre Facebook-Anzeigen regelmäßig. "AD-Müdigkeit" ist, wenn die Menschen sehen, Ihre Anzeige zu viele Male, so dass Sie gelangweilt und aufhören zu klicken.

Leider, wenn ihr Klick-through-Rate beginnt zu fallen, Facebook bestraft Sie, fahren Sie Ihre Kosten pro Klick; das macht Vorlieben, Kommentare, und klicken Sie durch mehr teuer. Und Engagement Kampagnen.

Schließlich, wenn Sie dieses Buch nützlich in irgendeiner Weise gefunden, eine Rezension bei Amazon ist immer willkommen!

Vielen Dank und viel Glück mit Facebook Werbung!.

www.ingramcontent.com/pod-product-compliance
Lightning Source LLC
Chambersburg PA
CBHW070317230526
45470CB00002B/920